W0193754

ANSELM GRÜN
LEO STÖCKINGER

Brot

ANSELM GRÜN
LEO STÖCKINGER

Brot

himmlisch irdisch

Mit Fotografien von Andrea Langenbacher

Vier-Türme-Verlag

Inhalt

Leckere Rezepte rund ums Brot finden Sie auf S. 54, 58, 62, 66, 70, 74, 82, 88, 96, 102, 110

Unser tägliches Brot

*Wir haben im Brot ein Werkzeug
menschlicher Gemeinschaft kennengelernt,
um des Brotes willen, das gemeinsam gebrochen wird.
Der Geschmack des geteilten Brotes hat nicht seinesgleichen.*

ANTOINE DE SAINT-EXUPÉRY

Unser tägliches Brot

Brot und Wasser sind die beiden Symbole schlechthin für das Leben des Menschen. Brot und Wein dagegen Bilder für das festliche Leben. Beides braucht es, um als Mensch zu leben. Brot bildet seit etwa 10.000 Jahren die Grundnahrung unserer Spezies. Brot ist zum Symbol geworden für das, was der Mensch braucht, für das, was ihn wahrhaft nährt. Brot ist aber auch ein Bild für die Gemeinschaft der Menschen: »Brich dem Hungrigen dein Brot«, mahnt der Prophet Jesaja die Israeliten. Wir essen miteinander Brot, wir brechen es füreinander. Darauf weist schon das deutsche Wort »Kumpan« hin: Es ist eine Zusammensetzung aus den lateinischen Wörtern *cum* für »mit« und *panis* für »Brot«. Ein Kumpel ist also der, der mit mir Brot isst, der sein Brot mit mir teilt. Das gemeinsame Essen des Brotes verbindet und schafft eine innere Vertrautheit und Zuverlässigkeit.

Im Alten Testament ist häufig vom Brot die Rede. Die Zitate beschreiben ganz unterschiedliche Lebenssituationen bzw. Wirklichkeiten, in die der Mensch gestellt ist. Schon daran wird deutlich, dass das Brot etwas Elementares ist, etwas, das ganz grundsätzlich im Leben oder in den Lebensverhältnissen des Menschen eine große Rolle spielt. Im Schöpfungspsalm 104 heißt es: »Du lässt Gras wachsen für das Vieh, auch Pflanzen für den Menschen, die er anbaut, damit er Brot gewinnt von der Erde … und Brot das Menschenherz stärkt« (Ps 104,14f). Das Brot ist also nicht nur Nahrung für den Menschen, sondern es stärkt auch sein Herz. Brot zu essen war für die Israeliten immer auch ein Zeichen, dass Gott den Menschen gesund hält und auch sein Herz stärkt, ihm also gute Gefühle schenkt. Aber Brot kann auch Bild für die Mühsal sein, die er bei der Bestellung des Ackers hat. So heißt es in Psalm 127: »Es ist umsonst, dass ihr früh aufsteht und euch spät erst niedersetzt, um das Brot der Mühsal zu essen; denn der Herr gibt es den Seinen im Schlaf« (Ps 127,2). Der Mensch müht sich um sein tägliches Brot. Er muss sich anstrengen und den Acker bebauen. Zugleich soll er darauf vertrauen, dass Gott selbst ihm das Brot gibt, das er für sein Leben braucht. So verheißt es Gott seinem Volk in Psalm 132: »Zions Nahrung will ich reichlich segnen, mit Brot seine Armen sättigen« (Ps 132,15). Gott selbst sorgt für die Armen und schenkt ihnen das nötige Brot. Die Kunst besteht darin, es freudig zu essen (Koh 9,7), es also trotz aller Mühsal und Schwierigkeiten im Leben zu genießen.

Brot ist nicht nur Nahrung für den Menschen, es stärkt auch sein Herz.

Immer wieder wird in der Bibel und beispielsweise auch in der jüdischen Tradition an das Brotwunder erinnert, das Gott dem Volk in der Wüste bereitet hat: »Er gab ihnen Brot vom Himmel. Da aßen die Menschen Wunderbrot« (Ps 78,24f). Im Lateinischen heißt das Wunderbrot: *panem angelorum*, eigentlich »das Brot der Engel«. Beim Essen des Brotes soll sich der Mensch also immer daran erinnern, dass es von Gott kommt, dass es das Brot der Engel ist, das er essen darf. Und es ist das Brot, das vom Himmel herabkommt, damit es uns stärkt auf dem Weg durch die Wüste unseres Alltags.

Der Volksmund hat zahlreiche Redewendungen, in denen das Brot vorkommt. Sie zeigen, wie wichtig es für das Leben der Menschen war. Da heißt es zum Beispiel: »Du sollst kein Krümchen Brot umkommen lassen.« Dieses Gespür für den Wert des Brotes hat sich in die Herzen der Menschen eingeprägt. In meiner Kindheit haben uns die Eltern immer wieder ermahnt: Brot wirft man nicht weg! Brot ist etwas Kostbares. Daher muss man damit auch behutsam umgehen. Wir sprechen vom Morgenbrot und Abendbrot und meinen damit das Frühstück und das Abendessen. Brot als ein Teil dieser Mahlzeit steht also als ein Symbol für Nahrung im Allgemeinen. Aber Brot wird auch zum Bild für vieles andere.

Gute Worte
können uns nähren,
ähnlich wie das Brot.

Bekannt ist das Sprichwort: »Wes Brot ich esse, des Lied ich singe.« Wenn man von einem schlechten Menschen spricht, sagt man, er sei so schlecht, dass kein Hund ein Stück Brot von ihm annehmen werde. Von einem geizigen Menschen sagt man, er gönne einem nicht die Butter auf dem Brot. Wenn einer seinen Lebensunterhalt verdient, sagt man, er habe sein gutes Brot oder er sei in Lohn und Brot. Ein Sprichwort sagt: »Aus dem Korn, das nächstes Jahr wächst, kann man heuer kein Brot backen.« Ein anderes: »Freundliche Gesichter sind uns so nötig als das liebe Brot.« All diese Redensarten zeigen, wie zentral das Brot das Leben der Menschen geprägt hat. Es ist zum Symbol geworden für viele Erfahrungen, die wir in unserem Leben machen.

Jesus hat uns gelehrt, im Vaterunser zu beten: »Unser tägliches Brot gib uns heute.« Wir brauchen Brot, um unseren Alltag bewältigen zu können. So ist es zum Symbol für das geworden, was uns nährt und stärkt – auch in spiritueller Hinsicht. Schon im Buch Deuteronomium heißt es: »Durch Hunger hat er (der Herr, dein Gott) dich gefügig gemacht und hat dich dann mit dem Manna gespeist, das du nicht kanntest und das auch deine Väter nicht kannten. Er wollte dich erkennen lassen, dass der Mensch nicht nur von Brot lebt, sondern dass der Mensch von allem lebt, was der Mund des Herrn spricht« (Dtn 8,3). Gute Worte können uns nähren, ähnlich wie das Brot. Gerade Worte, die Gott zu uns spricht, sind wie eine Nahrung, die unseren tiefsten Hunger nach Sinn und Erfüllung stillt. In allen Religionen wird das Brot daher auch im Kult verwendet. Es hatte als tägliches Grundnahrungsmittel, ohne das Leben schwer möglich ist, immer schon eine religiöse Bedeutung. Wenn wir Brot andächtig essen, haben wir teil an Gott, der es uns schenkt.

In diesem Buch möchte ich daher gemeinsam mit unserem Bäckermeister Leo Stöckinger dem Geheimnis des Brotes nachgehen. Die allermeisten Menschen essen täglich Brot. Und die Bäckereien in Deutschland haben im Lauf der Jahrhunderte eine große Tradition entwickelt, verschiedenste Brotsorten und Brot in verschiedenen Formen herzustellen. Indem wir über die Bedeutung des Brotes nachdenken, gerade auch im Blick auf die Bibel, können wir unser tägliches Brot bewusster essen und nachspüren, welches Geheimnis darin liegt.

Beim täglichen Brotverzehr spüren wir, dass wir als Menschen auf Nahrung angewiesen sind. Wir sind uns nicht genug. Wir brauchen etwas, das uns nährt, das uns stärkt und gesund hält. Das Brot will uns zudem an die Kultur des Mahles erinnern. Wir reichen einander das Brot, wir brechen es füreinander und wir essen es miteinander, um im gemeinsamen Mahl Gottes gute Gaben zu genießen und ihn dafür zu preisen. So können wir nicht über das Brot nachdenken, ohne uns bewusst zu machen, wie wir heute für alle Brot bereitstellen können, wie alle satt werden können. Und des Weiteren auch darüber nachzudenken, wie Brot heute erzeugt wird, ob es noch unserer tiefsten Sehnsucht nach dem, was uns wahrhaft nährt, entspricht, oder ob es heute wie vieles andere auch den ökonomischen Zwängen unterworfen ist und dadurch seine Symbolkraft verliert.

Pater Anselm Grün

Brot – Mittel zum guten Leben

Nahrung zu sich zu nehmen ist neben dem Atmen das Grundbedürfnis der Menschen. Es begleitet uns vom ersten Lebenstag bis zum letzten. Brot gehört zu den ältesten Grundnahrungsmitteln der Welt, schon seit Tausenden von Jahren essen Menschen diese Art der Getreidezubereitung. Sie ist in den meisten Kulturen der Welt bekannt und verbreitet.

Vor über 2000 Jahren gab es bei den Römern bereits den Beruf Bäcker, und die Mitglieder dieser Innung wurden sogar in den Beamtenstand erhoben. Das Handwerk, zu dem auch die Kunst der Bäcker gehört, hat in Deutschland eine lange Tradition. Bereits im Mittelalter schlossen sich die Handwerker zu Zünften zusammen. Um ihre Interessen zu schützen, wurden berufsspezifische Regelungen geschaffen, so auch für die Bäcker.

Ging es in früheren Jahrhunderten und Jahrtausenden vor allem darum, sein »tägliches Brot« zu haben, um am Leben zu bleiben, spielt in den vergangenen Jahrzehnten der Genuss von Brot eine immer größere Rolle. Es soll wertvoll in seinen Zutaten sein, ursprünglich, vielfältig in der Auswahl der angebotenen Sorten, gesund und frisch, um nur einige Anforderungen zu nennen, die von den Konsumenten an das Produkt Brot gestellt werden.

Der Philosoph Wilhelm Schmid drückt es in seinem Buch »Dem Leben Sinn geben« so aus: »In der Moderne ist ein Brot keine von Gott gesegnete Gabe mehr, sondern ein Konsumgut. Sah ein Mensch einst das Korn heranreifen, das er womöglich selbst im Schweiße seines Angesichts ernten, dreschen, zu Mehl und Teig verarbeiten musste, sieht er nun nur noch ein technisch hergestelltes Endprodukt vor sich, das er kaufen kann.«

Auch in der Klosterbäckerei der Abtei Münsterschwarzach geht es um Rendite, Kennzahlen, Umsatz und Effizienz, aber nicht nur. Die Schlagworte »regional, saisonal und nachhaltig« sind richtungsweisend in den Betrieben der Abtei. Auch wenn in der Öffentlichkeit diese Kriterien häufig als Worthülsen daherkommen, vor allem in der Werbung, sind es bei uns eben keine leeren Versprechungen, sondern etwas, wonach wir uns in unserer Produktion richten: Wo und wie wird das Getreide angebaut? Oder entspreche ich wirklich dem Kundenwunsch nach weihnachtlicher Gewürzschnitte vor dem Osterfest? Verzichte ich auf Natursauerteig im Brot, um Arbeitszeit zu sparen? Das sind nur einige Fragen, die in diesen Themenkomplex gehören und von uns beantwortet werden müssen.

Gerade im Handwerk, der Handarbeit, ist der Mensch der zentrale Punkt bei der Herstellung guter Produkte. Schon der Ordensgründer Benedikt weist darauf hin, dass die Arbeit dem Menschen dienen soll. Es bedeutet, dass Lohn, Arbeitszeit und Arbeitspensum im Einklang mit dem Betriebsklima und dem Geist des Arbeitgebers, der Unternehmenskultur sind.

Hinter jedem »besten Brot« stehen also Menschen. Sie stellen das Brot her, auch wenn Maschineneinsatz unerlässlich geworden ist, denn wer möchte schon 50 kg Teig mit den Händen kneten? Doch ob Landwirt, Müller, Bäcker oder Verkäuferinnen und Verkäufer in den Läden: Sie alle entscheiden, ob es an Ende ein »gutes Brot« wird.

Dieses Buch möchte die Aufmerksamkeit und Wertschätzung fördern, die Brot als wertvolles Lebensmittel verdient.

Leo Stöckinger

Toskana-
Weißbrot
Kg   5,00 €

Jubiläumsbrot

100g   0,50 €

Jubiläumsbrot

100g

Die Geschichte des Brotes

Saatkorn für die Nachwelt,
Brot für die Zeitgenossen.
CARL LUDWIG BÖRNE

Brot ist ein uraltes Kulturgut. Es ist das Grundnahrungsmittel der Menschen in fast allen Kulturkreisen, und das seit vielen Jahrtausenden. Der Grund liegt wohl darin, dass die Zutaten günstig zu erwerben waren und die Herstellung in beinahe jedem Haushalt möglich war. Bei den Juden heißt »Brot essen« soviel wie »Mahl halten« – es ist also sozusagen zum generellen Wort für die Nahrungsaufnahme geworden.

Auch bei den Griechen war das Brot die Grundlage der täglichen Ernährung. Sie kannten ein einfaches Brot, das ausschließlich aus Gerstenmehl und Wasser zubereitet wurde, und ein »besseres« Brot, das aus Weizenmehl gebacken wurde. Der griechische Philosoph Pythagoras ernährte sich beinahe ausschließlich von einem Brot aus Weizen und Gerste, zusammen mit etwas Honig.

Für die meisten Menschen gab es bei den Mahlzeiten Wasser zum Brot – ebenfalls ein Gut, das für beinahe alle frei zugänglich und günstig oder sogar umsonst zu haben war. Wasser und Brot waren und sind noch immer die Grundnahrung – wenn ein Mensch beides hat, kann er davon täglich leben.

Die Juden und auch die Griechen stellten zunächst ihr Brot her, indem sie einen Fladen aus Mehl und Wasser auf einen heißen Stein legten. Es war sogenanntes ungesäuertes Brot. Franz Nießen, Bäcker und Priester, sieht

die Geburtsstunde des Brotes, wie wir es heute kennen, dann gekommen, als der Mensch den Sauerteig entdeckte. Diese Entdeckung machten als Erste die Ägypter: »Die Geburtsstunde des Brotes im heutigen Sinne war jener Augenblick, in dem ein Triebmittel das Brot auflockerte und geschmacklich verbesserte. Durch das Sauerwerden des Teiges entstehen Hefepilze. Unter der Einwirkung der Hitze im Backprozess spalten sie sich in Kohlensäure und Alkohol. Sie bewirken Lockerung und Geschmacksverbesserung. Der so in Gang gebrachte chemische Prozess wurde aber auch als Spiel mit dem Feuer erkannt. Der Teig verdirbt, wenn die Hefepilze übermächtig werden. Es kommt hier auf das rechte Maß an. Das hat der Mensch durch sein Können und Geschick einzubringen. Es hat lange gedauert, bis sich diese Erkenntnisse und Fertigkeiten gebildet hatten« (Nießen, Geheimnis Brot 59).

Die Ägypter waren also die Ersten, die ihr Brot mit Sauerteig buken. Für die Griechen war das zunächst unverständlich. Der griechische Geschichtsschreiber Herodot schreibt um das Jahr 450 v. Chr: »Alle Menschen haben vor dem Faulen von Speisen Furcht. Die Ägypter aber stellen den Teig auf, dass er faulen muss« (zitiert nach Nießen, ebd. 61).

Die Juden kannten bis zu ihrem Aufenthalt in Ägypten nur das Fladenbrot. Erst von den Ägyptern lernten sie bei ihrem 400-jährigen Aufenthalt im Exil das Brot kennen, das man mit Sauerteig zubereitete. In ihrem Alltag aßen die Juden gesäuertes Brot. Doch im Kult, vor allem beim Paschafest, durften sie sieben Tage lang nur ungesäuertes Brot essen. Das war nicht

Wasser und Brot waren und sind noch immer die Grundnahrung – wenn ein Mensch beides hat, kann er davon täglich leben.

nur eine Erinnerung an den Auszug aus Ägypten. Es war vielmehr ein Verbot, das auf ein Tabu zurückging: Nach ihrer Ansicht verabscheute Gott den Sauerteig. Daher durfte der Mensch in seiner Nähe kein Brot essen, das mit Sauerteig gebacken wurde (vgl. Jacob 60f).

Nicht nur bei den Ägyptern und Juden spielte das Brot eine wichtige Rolle im Kult. Es war einerseits alltägliche Nahrung, diente aber auch als Zeichen, dass man Gott das Wertvollste gab, das man hatte. So opferten die Griechen ihren Göttern vor allem Brot. Das Brot, das den Göttern angeboten wurde, bekam dadurch besondere Heilkraft und wurde dann wieder an die Menschen ausgeteilt. Durch das Essen dieses heiligen Brotes kamen die Menschen in eine besondere Verbindung zum Gott selbst. Die östlichen Religionen in Ägypten und Persien kannten das sogenannte Brot des Lebens, das Unsterblichkeit verleiht (vgl. Jacob 130).

Die frühen Christen verwendeten in der Tradition des jüdischen Pascha für die Eucharistiefeier normalerweise ungesäuertes Brot. Aber manchmal setzten sie sich bewusst vom jüdischen Brauch ab und nahmen ganz normales gesäuertes Brot. Oft brachten die Gottesdienstteilnehmer von zu Hause das Brot mit, das dann in der Eucharistie verwandelt wurde. Dabei nahmen sie normalerweise ein rundes Brot, das durch ein Kreuz in vier Teile geteilt war. Erst im 9. Jahrhundert setzte sich das ungesäuerte Brot durch. Es wurde in besonderen Formen gebacken. Diese wurden immer weiterentwickelt, bis sich schließlich die weiße Hostie einbürgerte, in der man den Brotcharakter kaum mehr wahrnehmen kann.

Die ersten christlichen Gemeinschaften sahen im Brot immer auch ein tieferes Symbol. Sie bezogen sich dabei vor allem auf die Brotrede Jesu, in der er sich selbst als das Brot des Lebens bezeichnet. Hinzu kam die alttestamentliche Erzählung von der Spendung des Manna, des Brotes, das vom Himmel herabfiel, als Bild für das Geheimnis der Eucharistie. Eucharistie ist das wahre Brot, das vom Himmel kommt und das uns nährt und stärkt auf unserem Weg durch die Wüste unseres Lebens ins Gelobte Land, in das Land, in dem wir ganz wir selbst sein dürfen.

Ein wichtiges Bild war dabei die Einheit des Brotes: Es wurde aus vielen Körnern gebacken und viele essen davon. Das ist ein Bild für die Einheit der Christen, die in Jesus Christus alle eins miteinander sind. Das Brot miteinander zu essen ist Zeichen von Gemeinschaft und Freundschaft. Umso schmerzlicher ist es, wenn jemand mit mir das Brot isst und dann doch gegen mich ist. So hat es der Psalmist erlebt: »Auch mein Freund, dem ich vertraute und der mein Brot aß, er hat die Ferse wider mich erhoben« (Ps 41,10). Das Verhalten des Freundes, der mit mir das Brot aß, widerspricht jedem menschlichen Empfinden. Wer bewusst wahrnimmt, dass er mit einem anderen das Brot teilt, der kann nicht gegen ihn sein, der muss auch sein Leben mit ihm teilen.

Das Brot miteinander zu essen ist ein Zeichen von Gemeinschaft und Freundschaft.

Vom Korn zum Brot

Was heißt denn täglich Brot?
Gute Freunde, getreue Nachbarn
und desgleichen.
MARTIN LUTHER

Bis wir das Brot wirklich genießen können, sind viele Arbeitsschritte nötig, die wir heute oft gar nicht mehr bedenken, wenn wir ein Brot kaufen. Es beginnt damit, dass ein Mensch sein Feld bestellen und den Getreidesamen aussähen muss. Schon das Anbauen des Korns steckt für die Verfasser der Bibel voller Symbolik. Da ist einmal das Symbol des Aufgrabens: Der Bauer gräbt eine Furche, damit er den Samen darin säen kann. Wenn der Samen auf steinigen Grund fällt, geht er zwar auf, aber sobald die Sonne darauf brennt, verdorrt die Frucht, weil sie keine Wurzeln hat. Der Mensch braucht Wurzeln, damit der Same des Wortes Gottes in ihm aufgeht. Auch das Säen ist ein tiefes Symbol: Nur der Mensch, der reichlich sät, wird auch reichlich ernten (vgl. 2 Kor 9,6: »Wer kärglich sät, wird auch kärglich ernten; wer reichlich sät, wird reichlich ernten.«). Das Samenkorn muss sterben, damit neues Leben aus ihm entstehen kann. Das ist ein Symbol für den ständigen Wechsel zwischen Tod und Neubeginn, zwischen Werden und Vergehen.

Die Bearbeitung des Ackers, das Graben der Furche, das Aussäen verlangen Arbeit. Der Mensch muss das Seine tun. Aber er ist dabei immer auf Gottes Segen angewiesen. Nach dem Aussäen und der Arbeit auf dem Acker folgt das Ernten. Auch die Ernte steckt in der Geschichte der Religionen voller Symbolik. Wir sprechen beispielsweise von der »Ernte eines Lebens«, die wir einfahren dürfen. Vor einigen Jahrhunderten hielt man das Korn, das man geerntet hatte, sogar noch heilig. Im Lungau in Österreich gibt es sogenannte Getreidekasten, die man extra für das Aufbewahren der Ernte gebaut hat. Es sind keine nüchternen Zweckbauten, die das Getreide vor Regen und Feuer, Ungeziefer und Fäulnis schützen sollen. Sie gleichen eher Tabernakeln, die ausschließlich dazu da sind, das Saatgut, das Getreide und Lebensmittel zu bewahren. Somit strahlen sie etwas Heiliges aus (Nießen, Geheimnis des Brotes 48). Man hatte damals ein Gespür für die Kostbarkeit des Getreides. Es wurde sozusagen in »heiligen Behältern« aufbewahrt wie die Eucharistie in der Kirche. Das lag wohl auch daran, dass das Überleben vieler Menschen tatsächlich von der Ernte, vor allem der Getreideernte, abhing. Man konnte nicht einfach in ein Geschäft gehen und Brot kaufen. Wenn es zu wenig oder kein Getreide gab, bedeutete das für viele, dass sie hungern, im schlimmsten Fall verhungern mussten.

Wenn das Getreide geerntet wurde, ist als nächster Schritt zum Brot das Mahlen an der Reihe. Auch die Mühle ist in vielerlei Hinsicht ein wichtiges Symbol gewesen: Wir müssen im übertragenen Sinn manchmal selbst gemahlen werden, um milde zu werden. Das Wort »Milde« leitet sich vom Verb »mahlen« ab. Die frühen Christen haben im Zermahlen des Korns ein Bild für Jesus gesehen, der im Tod für uns Menschen zermahlen wird, um uns zur Speise zu werden, damit seine Hingabe uns stärkt. Ignatius von Antiochien soll in der Arena, in der man ihn den wilden Tieren vorwarf, ausgerufen haben: »Gottes Weizen bin ich, und ich werde von den Zähnen der wilden Tiere gemahlen, um als reines Brot gefunden zu werden.« Er sieht im Mahlvorgang ein Bild für sein Martyrium. Als einer, der von den Zähnen der wilden Tiere zermahlen wird, wird er zum Segen für die Menschen. Das Korn muss sozusagen sein Leben für uns hingeben. Nur aus gemahlenem Korn können wir Brot backen. Der Mensch lebt vom gemahlenen Korn, so wie wir von dem im Tod für uns hingegebenen Jesus leben.

Die Römer schützten ihre Mühlen genauso wie ihre Tempel. Auch die Mühlen waren »geheiligte Bezirke, in denen der flüchtende Mensch vor jeder Gewalt sicher war« (Nießen, ebd. 55). Bei den Germanen dagegen mied man die Müller. Sie galten als Menschen, die Lebendiges, also das Korn, töteten. Und das erzeugte in der Frühzeit bei vielen Menschen ein Schaudern und Furcht. Erst die Mönche des Mittelalters haben ein positives Bild des

Müllers geschaffen. Sie überzeugten die Menschen davon, dass nur so aus dem Korn Brot werden kann und somit die Mühle Leben bzw. Brot schafft. »Und Brot ist Christus« (Jacob 158). Im Mittelalter sprach man von der »mystischen Mühle«. Sie ist ein Bild für die Verbindung zwischen Altem und Neuem Testament. Der Weizen des Alten Testaments wird im übertragenden Sinn durch die mystische Mühle zu Mehl gemahlen, aus dem das Lebensbrot der Gläubigen gebacken wird.

Nach dem Mahlen folgt das Zubereiten des Brotteigs. Die Kunst des Brotbackens ist vielfältig. Sie hängt im Wesentlichen davon ab, ob es dem Bäcker gelingt, einen guten Sauerteig zuzubereiten. Der Sauerteig durchsäuert den ganzen Brotteig. Der Bäcker braucht für das Brotbacken ein gutes Gespür für den Sauerteig und auch ein Geschick, ihn herzustellen: »Er muss ein Gespür haben für Lebendiges, denn er züchtet ja Lebewesen. Er muss das richtige Maß erkennen, ein Zuviel zur einen oder ein Zuwenig zur anderen Seite bringt schlechtes Brot« (Nießen 61).

Nach einer Gehzeit des Teigs, die manchmal viele Stunden in Anspruch nimmt, kommt das Brot in den Ofen. Auch heute genießen wir Brot am liebsten, wenn es ganz frisch gebacken ist. Es schmeckt dann besonders gut. Durch die Hitze wird aus dem Teig Brot, das etwa dreimal so viel Raum

Das Backen wurde von jeher als Symbol verstanden: Es verwandelt das Brot.

einnimmt wie der Teig. Dieses Wunder wurde früher durch das Einwirken der Götter auf den Brotteig erklärt. Die Ägypter waren der Überzeugung, Isis und Osiris hätten die Menschen das Backen gelehrt. Auch in anderen Kulturen und Religionen kannte man Backofengötter, denen man Opfer darbrachte, damit sie das Backen segneten.

Die Backöfen, die je nach Gegend jeweils verschieden gebaut wurden und ein je anderes Aussehen hatten, geben Aufschluss darüber, wie man das Backen deutete. Da gibt es beispielsweise Backöfen, die in die Erde gegraben wurden. Dahinter steht die Idee, dass Mutter Erde das im Backen verwandelte Brot auf neue Weise spenden soll. Dann gab es Backöfen, die mitten im Dorf standen und von allen in der Gemeinde genutzt wurden. Das Backen war also gemeinsame Aufgabe derer, die auch sonst ihr Leben teilten. Es stiftete Gemeinschaft. Und es zeigte, dass alle zusammengehören. Dann gab es Backöfen, die an die Außenseite des Hauses gemauert und so unmittelbar mit ihm verbunden waren. Jede Familie buk in diesen häuslichen Backöfen ihr eigenes Brot. Der Backofen wurde immer heilig gehalten. Er galt als der Spender des Brotes, das die Familie ernährte und zusammenhielt.

Das Backen wurde von jeher auch als Symbol verstanden: Es verwandelt das Brot. Der einfache Teigfladen wird auf einmal zu wohlriechendem Brot. Und so wurde es zum Symbol für den Menschen, der im Feuer des Lebens verwandelt werden muss. Das Feuer steht für die Hitze des Alltags. Gerade wenn wir in eine Krise geraten, können wir gleichsam »gebacken« werden wie in einem Backofen: Die Hitze, das Aushalten dieser Situation, verwandelt uns und führt uns in ein neues Sein.

Brotzeit – Zeit fürs Brot

Iss nicht Brot, wenn ein anderer dabeisteht,
ohne dass du die Hand ausstreckst,
um ihn davon anzubieten.
ALTÄGYPTISCHE WEISHEIT

Über das »Lebens«-mittel Brot moralische Grundsätze aufzustellen, ist nicht mein Anliegen. Vielmehr geht es mir um die Wertschätzung dieses Gutes, das viele Menschen so selbstverständlich jeden Tag zu sich nehmen. Für mich stellt sich die Frage: Gibt mir Brot mehr als das Stillen meines Hungergefühls? Ich glaube, niemand würde die Frage verneinen, ob er gerne ein richtig gutes Brot essen möchte. Vielen »läuft schon das Wasser im Mund zusammen« bei der bildlichen Vorstellung einer Scheibe frischen, gut riechenden Brotes. Der Geschmack ist letztlich das Entscheidende, ob mein Unterbewusstsein dieses Stück Brot positiv abspeichert.

Natürlich spielen auch viele andere Faktoren eine Rolle, wie etwa das Wissen, welche Rohstoffe verwendet wurden, welche Menschen bei der Herstellung des Brotes mitgewirkt haben und ob mir die Bäckereiverkäuferin das Brot mit einem Lächeln verkauft hat.

Zudem glaube ich, dass ein nicht unwesentlicher Anteil des guten Geschmacks beim Essen von der Umgebung abhängt, in der ich das Brot zu mir nehme. Es macht einen Unterschied, ob ich das Brot unterwegs in der Fußgängerzone einer Stadt im Gehen esse, eigentlich nur, um schnellstmöglich meinen Hunger zu stillen, oder ob ich zu Hause an einem schön gedeckten Tisch sitze, vielleicht noch mit Familie und Freunden. Wann haben Sie das letzte Mal Freunde einfach nur so zum Essen oder zur Brotzeit eingeladen? Im Kreis von lieben Menschen, von freundlichen Gästen schmeckt das Brot anders als nebenbei während der Arbeit.

Ein geläufiges Wort für eine kalte Zwischenmahlzeit im Süddeutschen und speziell im fränkischen Raum ist die Brotzeit. In Österreich sagt man Jause, in Südtirol Marende, im alemannischen Raum Vesper. Der Sprachwissenschaftler Alfred Bammesberger vermutet in der Verbreitung des Wortes »Brotzeit« sehen zu können, dass dies mit den Niederlassungen und Routen der irischen Mönche zusammenhängt, die die Christianisierung im 7. und 8. Jahrhundert in diesen Gebieten vorantrieben. Sie hatten feste Zeiten, zu denen sie Brot und feste Nahrung zu sich nehmen durften, daher: Brot-Zeit. Wie passend, sich Zeit für das Brot zu nehmen!

Gerade im Handwerk und in der Landwirtschaft war (und ist es häufig noch) die Brotzeit ein festes Ritual: Nach getaner Arbeit setzte man sich zum Essen zusammen, natürlich auch, weil man Hunger hatte nach der körperlich oft sehr anstrengenden Arbeit. Dieses gemeinsame Essen diente aber nicht nur dazu, den Hunger zu stillen. Man kam und kommt dabei ins Gespräch, lässt den Tag Revue passieren, ist vielleicht auch stolz auf das, was man gemeinsam geschafft hat. Also hat die Brotzeit auch einen sozialen Aspekt: sie fördert die menschliche Gemeinschaft.

Brotzeit – wie passend,
sich Zeit für das Brot zu nehmen!

Zusammenkünfte dieser Art kennen wir auch aus anderen Zusammenhängen: mit der Familie oder Freunden ausgiebig frühstücken, brunchen, Raclette oder Fondue essen. Eine Brotzeit hat das gleiche Ziel: sich Zeit zum Essen, aber auch Zeit füreinander zu nehmen. Und: Zeit zum Genießen. Denn Geschmack ist mehr als nur Schmecken, es ist ein Erlebnis.

Wann haben Sie zum letzten Mal ein Stück Brot ganz bewusst gegessen? Pur gegessen, ohne Belag und sonst etwas dazu? Es lohnt sich, diesem Genuss wieder neu auf die Spur zu kommen.

Wie kann Brot schmecken? Lecker, knusprig, leicht. Oder nussig, gewürzbetont, mildsäuerlich. Eine Empfehlung zur Geschmacksentdeckung: Nehmen Sie eine Scheibe Brot in die Hand und fühlen Sie erst einmal. Wie ist die Struktur der Krume, also des Inneren des Brotes? Wie die der Kruste? Wie riecht das Brot? Nehmen Sie ein Stück Brot in den Mund und zerkauen sie es langsam. Schmeckt man eine angenehme leichte Säure, irgendein Gewürz, vielleicht Anis oder doch Koriander? Schmeckt es malzig, nehmen Sie also eine leichte Süße wahr? Ist der Salzgeschmack angenehm, ausgewogen? Mit einem kleinen Stück Brot können Sie so auf eine geschmackliche Entdeckungsreise gehen – Sie werden vielleicht staunen, was alles in einem so kleinen und alltäglichen Stück Brot stecken kann!

Vom Umgang mit dem Brot

Ein Schluck Wasser oder Bier
vertreibt den Durst,
ein Stück Brot den Hunger,
Christus vertreibt den Tod.
MARTIN LUTHER

Es ist eine Frage der Einstellung, des Lebensstils, ob und wie man bewusst mit dem Lebensmittel Brot umgeht. In vielen Haushalten wird mehrmals in der Woche Brot weggeworfen, weil es trocken geworden ist. Es gibt aber einige Möglichkeiten, das zu vermeiden.

Zum Beispiel, den Kauf von Brot zu planen, also zu überlegen, wieviel Brot benötigt wird – für heute, für die nächsten Tage. In vielen Bäckereien bekommt man heute auch ein kleines oder ein halbes Brot. Einige bieten sogar in Scheiben geschnittenes, frisches Brot an, das man tatsächlich auch scheibenweise kaufen kann.

Wie schnell das Brot trocken wird, hängt auch von seiner Haltbarkeit ab und ist je nach Brotsorte unterschiedlich: Je höher der Roggen-, der Vollkorn- und Schrotanteil, desto länger bleibt es frisch. Weizen- und Weizenmischbrote halten etwa zwei bis drei Tage. Roggen- und Roggenmischbrote vier Tage. Vollkornbrote dagegen schon sechs Tage. Und: Ein ganzes Brot bleibt naturgemäß länger frisch als geschnittenes, weil es nicht so schnell austrocknet.

Damit das Brot nicht verdirbt, ist es zudem wichtig, es richtig zu lagern. Dazu eignen sich Steinguttöpfe, Brotkästen, aber auch spezielle Kunststoffdosen. Das Austrocknen des Brotes sollte vermieden werden. Zudem sollten die Behälter regelmäßig gereinigt und ab und zu mit Essigwasser ausgewaschen werden, um Schimmel zu vermeiden.

Knusprige Backwaren werden schnell weich, wenn sie luftdicht aufbewahrt werden. Das Aufbewahren in der Bäckertüte, im Leinen- oder Baumwollbeutel vermindert dies.

Ideal ist die Lagerung bei Zimmertemperatur. Bei hohen Temperaturen und hoher Luftfeuchtigkeit kann man Brot auch für kurze Zeit eingepackt im Kühlschrank aufbewahren. Das gilt vor allem für Vollkornbrote.

Eine weitere Möglichkeit ist, das Brot aufzuschneiden und es portionsweise im Kunststoffbeutel einzufrieren. Ich empfehle jedoch, das Eingefrorene nach spätestens vier Wochen zu verbrauchen. Am besten taut man das Brot in der Verpackung bei Zimmertemperatur auf, was etwa vier bis fünf Stunden in Anspruch nimmt.

Es ist eine Frage der Einstellung, ob und wie man bewusst mit Brot umgeht.

JOHANNES

Da erkannte ... hat. 30 Sie entgegneten ihm: Welches Zeichen [tust] du, damit wir es sehen und dir glauben? Was [wirst] du? 31 Unsere Väter haben das Manna in der Wü[ste] gegessen, wie es in der Schrift heißt: Brot [vom] Himmel gab er ihnen zu essen. 32 Jesus sagte zu ihnen: Amen, amen, ich [sage] euch: Nicht Mose hat euch das Brot vom Himme[l] gegeben, sondern mein Vater gibt euch das [wahre] Brot vom Himmel. 33 Denn das Brot, das Gott [gibt,] kommt vom Himmel herab und gibt der Welt [das] Leben. 34 Da baten sie ihn: Herr, gib uns imm[er] dieses Brot! 35 Jesus antwortete ihnen: Ich bin [das] Brot des Lebens; wer zu mir kommt, wird [nie] mehr hungern, und wer an mich glaubt, wird [nie] mehr Durst haben. 36 Aber ich habe euch gesagt: Ihr habt (mich) ge[sehen] und doch glaubt ihr nicht. 37 Alles, was [der] Vater mir gibt, wird zu mir kommen, und wer zu mir kommt, den werde ich nicht abweisen; 38 denn [ich] bin nicht vom Himmel herabgekommen, um [m]einen Willen zu tun, sondern den Willen dessen, [der] mich gesandt hat. 39 Es ist aber der Wille des[sen], der mich gesandt hat, dass ich keinen von de[nen,] die er mir gegeben hat, zugrunde gehen lasse, [sond]ern dass ich sie auferwecke am Letzten Tag. 40 Denn es ist der Wille meines Vaters, dass alle[, die] den Sohn sehen und an ihn [glauben, ...] haben und dass ich ... 41 Da ...

... das vom Himmel herabgekommen ist. Wer von [diesem] Brot isst, wird in Ewigkeit leben. Das Brot, das ich geben werde, ist mein Fleisch, (ich gebe es) für das Leben der Welt. 52 Da stritten sich die Juden und sagten: Wie kann er uns sein Fleisch zu essen geben? 53 Jesus sagte zu ihnen: Amen, amen, das sage ich euch: Wenn ihr das Fleisch des Menschensohnes nicht esst und sein Blut nicht trinkt, habt ihr das Leben nicht in euch. 54 Wer mein Fleisch isst und mein Blut trinkt, hat das ewige Leben, und ich werde ihn auferwecken am Letzten Tag. 55 Denn mein Fleisch ist wirklich eine Speise und mein Blut ist wirklich ein Trank. 56 Wer mein Fleisch isst und mein Blut trinkt, der bleibt in mir und ich bleibe in ihm. 57 Wie mich der lebendige Vater gesandt hat und wie ich durch den Vater lebe, so wird jeder, der mich isst, durch mich leben. 58 Dies ist das Brot, das vom Himmel herabgekommen ist. Mit ihm ist es nicht wie mit dem Brot, das die Väter gegessen haben; sie sind gestorben. Wer aber dieses Brot isst, wird leben in Ewigkeit. 59 Diese Worte sprach Jesus, als er in der Syna[goge in Ka]farnaum lehrte.

Biblische Brotgeschichten

Man kann Brot ohne Liebe geben,
aber wenn man Liebe gibt,
so wird man auch immer Brot geben.

LEO TOLSTOI

Die Bibel erzählt uns viele Geschichten, in denen das Brot eine wichtige Rolle spielt. Ich möchte nur einige herausgreifen und dabei bedenken, welche Bedeutung das Brot nach den Aussagen der Bibel für uns heute hat. Die biblischen Geschichten wollen nicht nur etwas aus der Vergangenheit erzählen, sondern uns den Blick schärfen, dass wir heute das Brot mit neuen Augen betrachten.

Die Rezepte, die Sie zwischen den biblischen Deutungen finden, möchten diese neue Sicht auf das Brot unterstützen: Einerseits ermöglichen sie es, Brot wieder selbst herzustellen und dabei dem Gefühl nachzuspüren, was es heißt, sein »tägliches Brot« mit den eigenen Händen zu formen, sich Zeit zu nehmen für diese Arbeit. Andererseits sollen einige Rezepte auch eine Anregung sein, ältere Backwaren nicht wegzuwerfen, sondern daraus neue und sehr schmackhafte Speisen herzustellen. Verwenden Sie jedoch niemals schimmliges Brot. Sie können auch gerne etwas experimentieren und die vorgeschlagen Brot- und Brötchensorten abwandeln. Werden Sie kreativ, was weitere Zutaten angeht, und spüren Sie dabei einfach Ihrem Geschmack nach. Es kann zwar sein, dass dann etwas mehr oder etwas weniger Flüssigkeit benötigt wird, je nachdem, wie trocken die Backwaren sind bzw. wie groß die Menge der über das Rezept hinaus zugefügten Zutaten ist, aber dafür werden Sie leicht ein Gespür entwickeln.

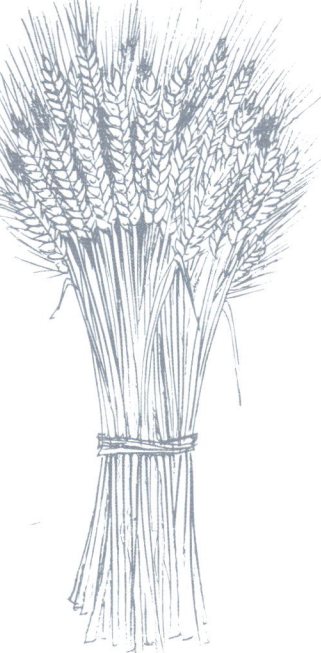

In der Regel sind die Rezepte für vier Personen gedacht.

Brot des Segens
Der Hohepriester Melchisedek

Abrahams Neffe Lot wurde von Feinden mit seiner ganzen Habe gefangen genommen. Als Abraham das erfuhr, zog er mit seinen Männern in den Krieg, um seinen Neffen zu befreien. Das gelang ihm auch. Als er nun auf dem Rückweg war, tauchte plötzlich Melchisedek, der König von Salem, auf und brachte Abraham Brot und Wein. Von Melchisedek heißt es, dass er Priester des Höchsten Gottes war. Er diente also dem gleichen Gott wie Abraham. Melchisedek segnete Abraham: »Gesegnet sei Abraham vom Höchsten Gott, dem Schöpfer des Himmels und der Erde, und gepriesen sei der Höchste Gott, der deine Feinde an dich ausgeliefert hat« (Gen 14,19). Es ist eine eigenartige Stelle, die aber im Neuen Testament und in der frühen Kirche gerne zitiert wurde. Psalm 110 spricht von einem priesterlichen König, der eingesetzt wird. Der Hebräerbrief bezieht diese Stelle auf Jesus Christus: »So hat auch Christus sich nicht selbst die Würde eines Hohepriesters verliehen, sondern der, der zu ihm gesprochen hat: Mein Sohn bist du. Heute habe ich dich gezeugt, wie er auch an anderer Stelle sagt: Du bist Priester auf ewig nach der Ordnung Melchisedeks« (Hebr 5,5f). Melchisedek wird

Brot steht für das Nährende,
Wein für das Festliche, für das,
was des Menschen Herz erfreut.

für den Verfasser des Hebräerbriefs zu einer geheimnisvollen Gestalt: »Dieser Melchisedek ... dessen Name ›König der Gerechtigkeit‹ bedeutet und der auch König von Salem ist, das heißt ›König des Friedens‹; er, der ohne Vater, ohne Mutter und ohne Stammbaum ist, ohne Anfang seiner Tage und ohne Ende seines Lebens, ein Abbild des Sohnes Gottes: dieser Melchisedek bleibt Priester für immer« (Hebr 7,1–3). Er ist also ein Bild für Christus, der direkt von Gott zu uns kommt, allerdings durch eine Mutter, also von einer Frau geboren.

Melchisedek bringt keine Stiere oder Rinder zum Opfer, sondern vielmehr Brot und Wein. Brot steht für das Nährende, Wein für das Festliche, für das, was des Menschen Herz erfreut. Das Brot und den Wein des Melchisedek hat die frühe Kirche auf Christus bezogen, der sich uns im Abendmahl gibt in der Gestalt von Brot und Wein. Jesus braucht die »alten Opfer«, also Tieropfer, nicht. Er bringt Brot und Wein. Brot und Wein werden Bilder seiner Liebe, seiner Hingabe an uns. Das Brot, das Melchisedek bringt, ist genauso geheimnisvoll wie seine Herkunft. Es ist Brot, das Gott selbst uns schenkt, und mit dem Segen verbunden, den Melchisedek über Abraham spricht. Es ist ein Brot des Segens: nicht nur eines, das gesegnet wird, sondern das Segen bringt für den, der es empfängt. Wir fühlen uns von Gott mit Brot gesegnet, wenn wir genügend davon zu essen haben. Indem wir das Brot langsam essen und genießen, können wir den Segen Gottes leibhaft erfahren und mit unseren Sinnen schmecken.

Überbackene Vinschgauer

Zutaten:

4 Vinschgauer Brötchen oder andere Roggenbrötchen

Für die Salbeibrösel: 20 g Butter, 20 g Brotbrösel, 4 Salbeiblätter (wer möchte, kann sie durch Basilikumblätter ersetzen)

Für die Tomatenbutter: 30 g Tomatenmark, 50 g Butter, Meersalz, Knoblauch, 150 g durchwachsenen Schinken oder geräuchertes Bauchfleisch, 150 g Mozzarella (oder Bergkäse) in Scheiben

Zubereitung:

Butter in einer Pfanne erhitzen, dann kleingeschnittenen Salbei (Basilikum) und die Brotbrösel darin bei mittlerer Temperatur leicht anrösten.

Für die Tomatenbutter zimmerwarme Butter und Tomatenmark in einer Schüssel mit der Gabel vermischen und mit Meersalz und Knoblauch abschmecken. Den Backofen auf 200°C vorheizen. Einen dünnen Deckel der Vinschgauer abschneiden. (Die Deckel trocknen und später zu Semmelbrösel verarbeiten.) Den unteren Teil mit Tomatenbutter bestreichen. Abwechselnd mit Speck und Käse belegen, mit frischem Pfeffer aus der Mühle bestreuen und auf ein Backblech mit Backpapier setzen. Ca. 10 Minuten auf der mittleren Schiene backen. Danach mit den Salbeibröseln bestreuen.

Brot für die Engel
Gott zu Gast bei Abraham

Die Geschichten im Buch Genesis sind alle voller Geheimnisse. So ist es auch mit jener, in der Abraham Besuch von drei Männern erhält. Die Bibel selbst sagt dazu: »Der Herr erschien Abraham bei den Eichen von Mamre« (Gen 18,1). Die christliche Tradition hat diese drei Männer als Engel dargestellt – vor allem auf den Ikonen der Ostkirche – und als Bild des dreifaltigen Gottes gedeutet. Abraham sieht die Fremden vor seinem Zelt stehen, wirft sich vor ihnen nieder und bittet sie, nicht vorüberzugehen: »Ich will einen Bissen Brot holen, und ihr könnt dann nach einer kleinen Stärkung weitergehen« (Gen 18,5). Er befiehlt seiner Frau Sara: »Schnell drei Sea feines Mehl: Rühr es an und backe Brotfladen.« Abraham setzt den Männern das Brot vor, außerdem noch Stücke vom Kalb, die der Knecht zubereitet hat, und Milch und Butter. Das alles zusammen ist Zeichen großzügiger Gastfreundschaft.

Abraham bewirtet die Männer und in ihnen Gott mit den kostbarsten Gaben, die er als Nomade und Hirt vorzuweisen hat: Brot, Fleisch, Butter und Milch. Wie es damals üblich war, isst Abraham selbst nicht mit den Gästen. Er lässt sie in aller Ruhe genießen und wartet unter einem Baum auf sie. Dort sprechen sie ihn auf seine Frau Sara an und verheißen ihm, dass sie ihm einen Sohn gebären wird. Sara lacht, weil sie das nicht glauben kann – in ihrem Alter noch ein Kind?

Dieses feierliche Mahl Abrahams ist der frühen Kirche immer ein Bild für die Eucharistie gewesen. Wir bringen in der Eucharistie die Gaben Brot und Wein, die kostbaren Früchte der Erde, die Gott selbst uns geschenkt hat. Wir schenken sie Gott zurück. Und Gott selbst beschenkt uns mit seinem Sohn Jesus Christus. Er wird auch in uns geboren. Selbst wenn wir alt und scheinbar unfruchtbar sind wie Sara, kann auch in uns eine neue Frucht wachsen. Für uns, die wir oft in weltlichen Dingen aufgehen, ist es genauso unwahrscheinlich, dass Gott in uns geboren wird wie für Sara, die schon alt war und nicht mehr auf einen Sohn zu hoffen wagte.

Die Geschichte von Abraham und seinen göttlichen Gästen will in uns die Hoffnung stärken, dass Gott auch in uns geboren wird, dass wir von Gott gesegnet werden und dass unser Leben gelingen wird. Wenn Gott in uns geboren wird, dann werden wir ganz wir selbst, dann werden wir frei von all den Bildern, die andere Menschen uns übergestülpt haben. Auch unser Leben kann aufblühen, wenn wir uns wie Abraham auf das Wort Gottes einlassen und ihm trauen.

Fladenbrot

4 Stück mit etwa 400g

Gelingt leicht

Brühstück:

70 g Hartweizengrieß mit 170 ml kochendem Wasser übergießen und etwa 3 Stunden bei Zimmertemperatur stehen lassen.

Quellstück:

100 g Weizenmehl, 1 g Hefe, 4 g Roggensauerteig, ca. 70 ml Wasser

Hefe und Sauerteig im lauwarmen Wasser auflösen dann mit dem Brühstück und dem Weizenmehl verrühren.

Bei etwa 24°C ca. 5 bis 6 Stunden oder 1 Stunde bei 24° C, danach ca. 12 bis 16 Stunden im Kühlschrank (über Nacht) gehen lassen.

Teigzutaten:

800 g Weizenmehl, 60 ml Olivenöl, 20 g Hefe, 22 g Steinsalz (oder 24g Meersalz), 5 g Zucker, etwa 500 ml lauwarmes Wasser.

Teigzubereitung:

Alle Zutaten sowie das Quellstück miteinander vermischen und intensiv kneten. Den Teig abgedeckt etwa 20 bis 30 Minuten stehen lassen. Dann in vier Teile teilen und runde Laibe formen, abgedeckt etwa 20 Minuten stehen lassen. Die Teigstücke auf ca. 20 bis 25 cm Durchmesser ausrollen (evtl. mit einem Rollholz) und auf Bleche legen. Nach ca. 15 Minuten die Fladen einstechen oder mit geölten Fingern kleine Löcher eindrücken. Je nach Geschmack Oberfläche mit Olivenöl beträufeln, Schwarzkümmel oder Sesam aufstreuen. Schmeckt auch mit Cocktailtomaten und/ oder Knoblauch und Olivenscheiben.

Backen:

Den Backofen auf 240°C vorheizen. Vorher ein tiefes Blech in die untere Schiene schieben. Die Brote in den Ofen geben und etwa 50 ml warmes Wasser auf das untere Blech gießen. Den Ofen auf 200°C zurückstellen. Etwa 12 bis 16 Minuten backen.

Ein ganz besonderes Brot
Manna in der Wüste

Gott hat sein Volk Israel aus Ägypten befreit. Aber der Weg ins Gelobte Land führte die Israeliten für lange Zeit in die Wüste. Das war sicher keine einfache Reise. Die Wüste ist unwirtlich, es ist heiß, es gibt nur selten Wasser und das Unterwegssein ist anstrengend und entbehrungsreich. Und so begannen die Israeliten nach einiger Zeit zu murren und sagten zu Mose, der sie anführte: »Wären wir doch in Ägypten durch die Hand des Herrn gestorben, als wir an den Fleischtöpfen saßen und Brot genug zu essen hatten« (Ex 16,3). Gott antwortete darauf dem Mose: »Ich will euch Brot vom Himmel regnen lassen« (Ex 16,4).

Gott lässt das sogenannte Manna vom Himmel regnen: »Am Morgen lag eine Schicht von Tau rings um das Lager. Als sich die Tauschicht gehoben hatte, lag auf dem Wüstenboden etwas Feines, Knuspriges, fein wie Reif, auf der Erde. Als das die Israeliten sahen, sagten sie zu einander: Was ist das? (= Manna) Denn sie wussten nicht, was es war. Da sagte Mose zu ihnen: Das ist das Brot, das der Herr euch zu essen gibt« (Ex 16,13–15).

Die Geschichte geht noch weiter: Immer wieder zeigt Gott auf diesem Weg den Israeliten, dass sie auf ihn vertrauen können, dass Gott für sie sorgt. Daher gebietet er ihnen auch, das, was sie täglich an Manna vom Boden sammeln, an diesem Tag aufzuessen und nichts für den nächsten Tag aufzubewahren. Einige der Israeliten wollten dennoch auf Vorrat sammeln. Sie hatten Angst, am nächsten Tag nicht genügend zu essen zu haben. Doch über Nacht faulte alles, was sie aufbewahrt hatten.

Am sechsten Tag ließ Gott die doppelte Menge Manna auf die Erde fallen. Die Israeliten sollten am sechsten Tag doppelt soviel sammeln und den Rest für den Sabbat aufbewahren, denn dann ließ Gott kein Brot vom Himmel regnen. Aber auch das glaubten viele nicht. Sie gingen auch am Sabbat, um das Manna aufzuheben. Doch sie fanden nichts.

So nahm Gott das Volk in die Schule. Sie sollten lernen zu vertrauen, dass Gott für das nötige Brot sorgt. Ihre Arbeit war es, das Brot von der Erde zu sammeln. Doch am Sabbat sollten sie Ruhe halten und den Herrn verehren.

Das Mannawunder war für die Israeliten eine zentrale Glaubenserfahrung. Sie machte deutlich: Auch wenn es dem Volk nicht gut geht, wenn es Krisenzeiten durchmacht, wenn es in die Gefangenschaft weggeführt wird: Gott ist an seiner Seite und kümmert sich um das Wohl der Seinen. Und deshalb sollte sich das Volk immer wieder an dieses Wunder erinnern. Der Auszug aus Ägypten, der Durchzug durch das Rote Meer, die Zeit in der Wüste, in der Gott selbst sein Volk ernährt hat, wurde daher bei jeder Paschafeier als Heilstat Gottes gepriesen. Im Buch Deuteronomium mahnt Gott das Volk, es solle auch dann, wenn es in einem fruchtbaren Land wohnt und genügend Brot zu essen hat, an Gott denken, »der dich in der Wüste mit dem Manna speiste, das deine Väter noch nicht kannten« (Dtn 8,16).

Manna – das war das Brot, das vom Himmel herabkam. Dieses Bild hat Jesus auch in seiner sogenannten Brotrede im Johannesevangelium aufgegriffen: Jesus selbst ist das wahre Brot, das vom Himmel kommt. Und dieses Brot wird konkret im eucharistischen Brot. Gott sorgt für uns auf unserem Weg in die Freiheit. Er stärkt uns, damit wir nicht im Murren über unser Leben bitter werden. Gott richtet uns auf durch das Brot, das er uns vom Himmel regnen lässt. Und er schenkt uns das Vertrauen, dass wir das Gelobte Land erreichen, das Land, in dem wir ganz wir selbst sein dürfen.

Süßes Hefebrot

2 Stück mit etwa 420g

Fein für Gäste

Vorteig

100 g Weizenmehl, 2 g Hefe, 5 g Zucker, 75 ml lauwarmes Wasser
Hefe und Zucker in Wasser auflösen und mit dem Mehl verkneten. Abgedeckt bei Zimmertemperatur ca. 1 bis 2 Stunden stehen lassen.

Teigzutaten

Vorteig, 300 g Weizenmehl, 6 g Salz, 22 g Hefe, 70 g weiche Butter, 60 g Zucker, 2 Eier, etwas Zitronensaft und Vanille, ca. 100 ml lauwarme Milch; nach Geschmack können Trockenfrüchte wie Rosinen oder Cranberrys untergemischt werden (vorher in Rum, Wasser oder Apfelsaft einweichen) oder Mandeln, alle Arten von Nüssen und Zitronat/Orangeat oder kleine Schokoladenstückchen. Am besten eignet sich dazu Kuvertüre, da sie härter ist und beim Backen nicht so schnell schmilzt.

Teigzubereitung

Aus allen Zutaten einen mittelweichen Teig kneten und abgedeckt 30 Minuten gehen lassen. Früchte, Nüsse oder Kuvertüre erst anschließend unterkneten. Zwei Teigstücke portionieren und rundformen. Auf mit Backpapier belegten Blechen nochmals 30 Minuten gehen lassen. Mit Ei bestreichen und einschneiden. Ein tiefes Blech in die untere Schiene geben. Backofen auf 200°C vorheizen. Backblech mit dem Teig in den Ofen geben und etwa 30 ml warmes Wasser auf das untere Blech gießen. Ofen auf 180°C zurückstellen.

Nach 5 Minuten die Ofentür kurz öffnen, damit der Wasserdampf entweichen kann. Insgesamt etwa 25 bis 30 Minuten backen.

Aus diesem Hefeteig kann man ebenfalls Blechkuchen herstellen, z.B. Apfelkuchen. Man kann ihn auch zu Zöpfen flechten. Dazu den Teig zu einem Rechteck ausrollen und mit Nuss-oder Mohnfüllung bestreichen. Zusammenrollen und die Rolle mit einem scharfen Messer teilen. Die zwei Stränge mit der Schnittseite nach oben verschlingen und die Enden zusammendrücken.

Teilen, um zu überleben
Das Brot der Witwe

Im ersten Buch der Könige im Alten Testament lesen wir von einer Hungersnot in Israel. Es fiel weder Tau noch Regen und die Menschen litten sehr. Auch der Prophet Elija war davon betroffen. Doch er hatte zunächst Glück, denn Gott sorgte eine Zeit lang für ihn, indem er jeden Morgen und jeden Abend einen Raben schickte, der ihm Brot und Fleisch zu essen brachte. Wasser konnte Elija aus dem Bach Kerit trinken. Doch dann versiegte auch der Bach. Also befahl Gott dem Propheten, er solle nach Sarepta zu einer Witwe gehen, die ihn versorgen werde. Elija begegnet der Witwe am Stadttor und bittet sie um Wasser, was sie ihm auch gibt. Dann verlangt er nach einem Bissen Brot. Doch die Witwe antwortet ihm: »So wahr der Herr, dein Gott, lebt: Ich habe nichts mehr vorrätig als eine Handvoll Mehl im Topf und ein wenig Öl im Krug« (1 Kön 17,12). Daraus wollte sie noch einmal Brot backen und es dann mit ihrem Sohn zusammen essen, bevor sie sich zum Sterben legten. Doch der Prophet verheißt ihr: »So spricht der Herr, der Gott Israels: Der Mehltopf wird nicht leer werden und der Ölkrug nicht versiegen bis zum dem Tag, an dem der Herr wieder Regen auf den Erdboden sendet« (1 Kön 17,14). Und so geschah es auch. Die Witwe konnte sowohl für den Propheten als auch für sich selbst und ihren Sohn so viel Brot backen, dass sie gut leben konnten.

In dieser Geschichte wird ein wichtiges Thema angesprochen: Die Sorge um das tägliche Brot und damit letztlich, ob wir genügend zu essen und zu trinken haben werden, ob wir überhaupt überleben können. Die Sorge um das tägliche Brot meint auch die Sorge um die eigene finanzielle Zukunft: Schaffe ich mein Leben noch? Oder muss ich verarmen oder gar vor

Hunger sterben? Gott selbst wird für uns sorgen, das ist die Botschaft dieser Geschichte. Auch wenn alles aussichtslos erscheint, das Vertrauen auf Gottes Verheißung lässt uns gut weiterleben. Es ist das Vertrauen auf ein Wunder, das Gott hier von der Witwe verlangt. Aber weil sie vertraut, geschieht es auch. Sie hat genügend Brot zum Leben, für sich und ihre Familie und für den Gast, mit dem sie ihr Brot teilt.

Manchmal halten wir unser Brot zurück aus Angst, es reicht nicht für alle. In der Gefangenschaft und auf der Flucht, ob damals oder heute, haben viele Männer und Frauen Hunger gelitten. Da kreiste alles Denken nur darum, ob sie genügend Brot finden würden, um selbst zu überleben oder ihre Familie durchzubringen. Brotraub ist eines der schlimmsten Verbrechen in der Gefangenschaft. Doch es gab und gibt immer wieder Gefangene und Flüchtlinge, die ihr Brot mit anderen geteilt haben und teilen. Und sie haben überlebt. Gott hat für sie gesorgt. Diese Erfahrung machen auch heute viele Menschen. Wenn sie nicht ängstlich darauf schauen, ob das Brot für sie reicht, sondern es großzügig teilen, bekommen sie auch selbst das zurück, was sie zum Leben brauchen. Meine Mitbrüder, die in Afrika als Missionare arbeiten, erzählen mir oft: Es ist für Europäer häufig beschämend, wie Afrikaner Gäste in ihre Hütte einladen und alles teilen, ohne Angst, dass sie dann nichts mehr zu essen haben. Gastfreundschaft ist den Afrikanern so wichtig, dass sie alles mit dem Gast teilen. Davon könnten wir lernen. Heute hören wir Stimmen aus dem Lager deutscher Wohlstandsbürger, dass sie Angst haben, sie könnten nicht mehr genug zum Leben haben, wenn sie ihr Leben und ihre Lebens-Mittel im weitesten Sinn mit den Flüchtlingen teilen. Auch hier gilt: Wer bereit ist zu teilen, wird immer auch beschenkt, geistig, spirituell und oft genug auch materiell.

Brotchips

Zutaten:

Roggenmisch- oder Weizenmischbrot, Oliven- oder Kräuteröle.

Zubereitung:

Das Brot in ca. 2 bis 3 mm dünne Scheiben schneiden. Backblech mit Backpapier auslegen und die Brotscheiben flach auflegen (nicht übereinander). Mit etwas Öl beträufeln. Bei ca. 140°C Unter- und Oberhitze ca. 10 Min. rösten. Die Backzeit richtet sich nach dem Backofen und der Brotsorte. Nicht zu dunkel rösten, sonst bekommt das Brot einen bitteren Geschmack.

Wer möchte, kann die Brotscheiben mit Knoblauchöl rösten oder 50 g Sonnenblumenöl mit 10 g Arganöl vermischen und auf die Brotchips träufeln. Brotchips pur genießen oder mit Hüttenkäse-Dip: 200 g Hüttenkäse mit 100 g Schmand und 100 g Naturjoghurt vermischen, mit Salz und Pfeffer abschmecken. Wer mag, kann noch Kümmel zugeben.

Mein persönlicher Favorit: Brotchips mit lauwarmem Kochkäse.

Brot schenkt neues Leben
Elija unter dem Ginsterstrauch

Eine andere Geschichte aus dem ersten Buch der Könige erzählt vom Propheten Elija auf dem Gipfel seines Erfolges: Er hatte 450 Baalspriester besiegt. Doch dann erfährt er von der Königin Isebel, dass sie ihn deshalb verfolgen wird. Der vorher so starke Prophet bekommt es auf einmal mit der Angst zu tun. Er rennt um sein Leben und versteckt sich in der Wüste. Erschöpft setzt er sich unter einen Ginsterstrauch und wünscht sich den Tod. Plötzlich hat er keine Lust und keine Kraft mehr zum Leben. Er sagt zu Gott: »Nun ist es genug, Herr. Nimm mein Leben; denn ich bin nicht besser als meine Väter« (1 Kön 19,4). Elija erkennt, dass er selbst die gleichen Fehler hat wie die, gegen die er gekämpft hat. So legt er sich unter den Ginsterstrauch, um zu schlafen und dann zu sterben.

Dann heißt es in der Bibel: »Doch ein Engel rührte ihn an und sprach: Steh auf und iss! Als er um sich blickte, sah er neben seinem Kopf Brot, das in glühender Asche gebacken war, und einen Krug mit Wasser. Er aß und trank und legte sich wieder hin« (1 Kön 19,5f). Das Brot ist auf glühender Asche gebacken – man könnte sagen: auf der Glut seiner verbrannten Illusionen. Elija muss einsehen, dass er allein nicht gegen den Unglauben ankommt, ja, dass in ihm selbst der Unglaube ist, den er in anderen bekämpft. Wenn diese Illusionen verbrennen, werden sie zur glühenden Asche, auf der Brot gebacken werden kann – neue Nahrung, die Lebensenergie spendet.

Elija steht auf, isst und trinkt. Das Brot stärkt den Propheten. Als er satt ist, legt er sich aber wieder zum Schlafen hin. Er versteht noch nicht den Sinn dieses Brotes. Er meint, es sei nur da, um ihn zu sättigen. Wer satt ist, der schläft gerne.

Doch der Engel kommt ein zweites Mal. Er belehrt ihn, was das Brot eigentlich bedeutet, und weckt ihn auf mit den Worten: »Steh auf und iss! Sonst ist der Weg zu weit für dich.« Das Brot ist dazu da, sich auf den Weg zu machen – und zwar auf den Weg zu Gott. Jetzt steht der Prophet auf und isst und trinkt und wandert in der Kraft dieser Speise 40 Tage lang bis zum Gottesberg Horeb. Dort wird er Gott auf neue Weise erfahren: im Säuseln des Windes.

Der Engel verweist den Propheten auf Brot und Wasser. Und er zeigt auch uns, was uns stärkt. Daher wird die Eucharistie auch das »Brot der Engel« genannt: Panem angelorum manducavit homo – »Das Brot der Engel aß der Mensch.« Der Engel reicht uns das Brot gerade dann, wenn wir keine Kraft mehr in uns haben, wenn wir resigniert sind, keine Lust mehr haben aufzustehen.

Brot ist eine Gabe des Engels. Der Engel führt uns dadurch heraus aus der Depression, hinein in das Leben. Wenn wir frisches Brot riechen, dann weckt das in uns neue Lebensgeister. Der Brotgeruch erinnert uns an gute Erfahrungen, die wir mit dem Brot gemacht haben, an den guten Geschmack, auch an die Gemeinschaft, in der wir miteinander das Brot gegessen haben. Die Griechen erzählen sogar vom todkranken Philosophen Demokrit, den der Geruch warmen Brotes noch einige Tage am Leben hielt (RAC, J. Haußleiter, Brot, 612).

Das Brot, auf das der Engel Elija verweist, erinnert uns heute an Broterfahrungen, die wir selbst schon machen durften. Es ist nicht immer »leibhaftes« Brot, das uns ein lieber Mensch reicht. Oft erleben wir ein Wort, das er uns zuspricht, wie ein Brot, das uns nährt. Oder einen freundlichen Blick, die ausgestreckte Hand, die uns einlädt, aufzustehen, die uns selbst an die Hand nimmt, um uns ein Stück unseres Weges zu begleiten. All das kann für uns zum Brot werden, das uns nährt.

Dinkel-Vollkornbrot

für 2 Stück mit etwa 950g

Brühstück:

350 g Wasser aufkochen, 250 g Dinkelvollkornmehl mit dem kochenden Wasser vermischen und auskühlen lassen.

Teig:

800 g Dinkelvollkornmehl, 45 g Hefe, 26 g Meersalz, ca. 500 ml lauwarmes Wasser, 1 EL Essig

Die Hefe im Wasser auflösen, die restlichen Zutaten und das Brühstück zugeben und kneten. Den Teig bei Zimmertemperatur etwa 20 Minuten abgedeckt stehen lassen. Danach zwei runde Laibe formen und auf ein Tuch setzen, etwa 40 Minuten gehen lassen. Ideal ist es, die Teigstücke in Gärkörben gehen zu lassen oder sie in einer Kastenform zu backen. Beim Formen und Gehenlassen mit Dinkelmehl bestäuben, um Ankleben zu verhindern.

Backen:

Den Backofen auf 235°C vorheizen. Vorher ein tiefes Blech in die untere Schiene geben. Die Brote in den Ofen geben und etwa 50 ml warmes Wasser auf das untere Blech gießen. Den Ofen auf 195°C zurückstellen. Nach 5 Minuten die Ofentür für kurze Zeit öffnen, damit der Wasserdampf entweichen kann. Brote etwa 50 Minuten knusprig backen.

Hunger nach immer mehr
Die erste Versuchung Jesu

Im Matthäusevangelium finden wir die Geschichte von Jesus, der nach seiner Taufe im Jordan durch Johannes den Täufer für 40 Tage in die Wüste ging, um zu fasten. Nach dieser Zeit hatte er großen Hunger: »Da trat der Versucher an ihn heran und sagte: Wenn du Gottes Sohn bist, so befiehl, dass aus diesen Steinen Brot wird. Er aber antwortete: In der Schrift heißt es: Der Mensch lebt nicht nur von Brot, sondern von jedem Wort, das aus Gottes Mund kommt« (Mt 4,3f).

Wenn alle Steine zu Brot würden, hätten die Menschen immer genügend zu essen. Dann könnten sie grenzenlos konsumieren, aber sie würden kein Maß im Essen finden. Es täte ihnen nicht gut.

Doch es geht nicht nur um den grenzenlosen Konsum. Die Steine sind zugleich auch Symbol für das Heilige. In der Antike waren es häufig besondere, heilige Steine, die in einem Heiligtum oder Tempel verehrt wurden oder die als heiliger Ort galten, zum Beispiel das Orakel von Delphi oder der Stein unter dem Felsendom in Jerusalem.

Das Brot ist in dieser Geschichte jedoch ein Bild für den Konsum: Alles muss konsumiert werden, selbst das Heilige. Auch Spiritualität ist nur dazu da, konsumiert zu werden. Man will sie sich einverleiben, um psychisch stärker zu werden. Alles dient nur dem eigenen Wohl, alles wird verzweckt. Das Heilige bleibt nicht heilig. Doch das Wesen des Heiligen ist, dass es der Welt und ihrem Zugriff entzogen ist. So besteht die sogenannte erste Versuchung Jesu darin, auf alles Zugriff haben zu können, alles für sich zu vereinnahmen, sich alles dienstbar zu machen.

Jesus verweist den Satan auf das Wort aus dem Buch Deuteronomium, dass der Mensch nicht allein vom Brot lebe, sondern von jedem Wort, das aus Gottes Mund komme. Worte können den Menschen nähren.

Die erste Versuchung stellt uns also vor die Frage: Was nährt uns wirklich? Genügt es, sich satt zu essen? Oder hungern wir nach mehr? Wir hungern nach Zuwendung, nach Liebe, nach Leben, nach Worten, die unser Herz berühren, die uns ermutigen und stärken. Die Worte, die aus dem Mund Gottes kommen, wollen uns nicht zustopfen, nicht über die Maßen und über unseren Hunger hinaus sättigen. Sie wollen uns dagegen in Berührung bringen mit unserer Seele. Die Worte bringen uns in den Grund unserer Seele. Dort erleben wir eine innere Quelle, die uns nährt. Worte sind Schlüssel, um den Zugang zur inneren Quelle aufzuschließen.

Brotsuppe

Zutaten

120 g Roggenmischbrot oder 120 g leichtes Vollkornbrot, 1,2 l kräftige Fleisch-, Gemüse- oder Geflügel-brühe, Kräuter, Joghurt/Sahne.

Zubereitung

Die Brotscheiben gut trocknen und dann mit einer Küchenmaschine oder mit einem Mörser fein zer-bröseln. Die Brühe erhitzen und die Brotbrösel hinzufügen. Etwa 5 Minuten sieden lassen. Mit wenig Salz und Pfeffer abschmecken. Nach Geschmack mit Kräutern wie Kerbel, Thymian oder Majoran ver-feinern. Vor dem Servieren einen Klecks Joghurt oder Sahne in die Suppe geben.

Variante:

Zutaten

120 g Roggenmischbrot oder 120 g leichtes Vollkornbrot, Weißbrot-/ Brötchenwürfel, 1,2 l kräftige Fleisch-, Gemüse- oder Geflügelbrühe, 70 g Butter, 1 mittlere Zwiebel, 20 g Wei-zenmehl oder Vollkornmehl, Kräuter, Joghurt/Sahne.

Zubereitung

Die Brotwürfel in 50 g Butter mit den Zwiebelwürfeln anschwitzen. Mehl zugegeben und kurz anrösten. Mit der Brühe ablöschen. Bei schwacher Hitze 20 Minuten köcheln lassen. Mit dem Stabmixer pürieren und mit wenig Salz, Pfeffer, Muskat und/oder Kräu-tern abschmecken. Vor dem Servieren in 20 g Butter angebratene Weißbrot-würfel und einen Klecks Joghurt oder Sahne in die Suppe geben. Evtl. frische Schnittlauchröllchen darüber streuen.

Mehr als genug für alle
Die Brotvermehrung

Alle vier Evangelien erzählen die Geschichte von der Brotvermehrung. Matthäus und Markus unterscheiden dabei sogar zwei verschiedene Ereignisse: einmal die Speisung der Fünftausend und dann die Speisung der Viertausend. Bei der Speisung der Fünftausend heißt es von Jesus, dass er Mitleid hatte mit den Menschen: »Denn sie waren wie Schafe, die keinen Hirten haben« (Mk 6,34). Sie sind orientierungslos. Daher lehrt er sie lange. Doch die Jünger werden unruhig und drängen Jesus, er solle die Leute wegschicken, damit sie sich etwas zu essen kaufen können. Jesus erwidert: »Gebt ihr ihnen zu essen!« (Mk 6,37).

Das ist eine Herausforderung an uns alle. Wir haben den Auftrag, den Menschen in unserer Umgebung zu essen zu geben. Das können wir wörtlich nehmen. Dann ist es unsere Aufgabe, Hungernde zu speisen. Aber es ist auch bildhaft zu verstehen. Wir haben die Aufgabe, die Menschen seelisch zu nähren – durch unsere Zuwendung, durch Worte der Ermutigung, durch Worte der Liebe.

Doch unsere Reaktion gleicht der der Jünger, die darauf hinweisen, dass das unmöglich sei. Jesus besteht aber darauf. Er sagt ihnen, sie sollten nachsehen, wie viele Brote sie noch haben. Sie sehen nach und berichten: »Fünf Brote und außerdem zwei Fische.« Jesus sagt allen, dass sie sich niedersetzen sollen. Dann nimmt er die Brote, »blickte zum Himmel auf, sprach den Lobpreis, brach die Brote und gab sie den Jüngern, damit sie sie an die Leute austeilten« (Mk 6,41).

Jesus handelt wie ein Familienvater, der über das Brot den Segen spricht, der Gott preist für die Gabe des Brotes. Der normale Brotsegen in der Familie damals lautete: »Gepriesen seist du, Herr, unser Gott, König der Welt, der du Brot aus der Erde wachsen lässest.« So überliefert uns eine alte jüdische Schrift »Berakot« den Segen, den der Hausvater über das Brot sprach, bevor er es an die Familie verteilte (zitiert nach Grundmann, Markus 182). Wie ein Familienvater bricht nun auch Jesus das Brot, um es durch seine Jünger an die Menschen austeilen zu lassen. Doch nun geschieht bei diesem Teilen ein Wunder: Das Brot reicht auf einmal für alle. Alle werden satt. Am Ende sammeln die Jünger die Reste ein und es bleiben zwölf Körbe voll übrig. Das ist symbolisch zu verstehen: Es ist ein Verweis auf die zwölf Apostel und auf das letzte Abendmahl und auch ein Hinweis auf das Volk Israel mit seinen zwölf Stämmen.

Bei der zweiten Brotvermehrung im Markus- und im Matthäusevangelium geht es um sieben Brote und viertausend Menschen. Und am Ende sammeln die Jünger sieben Körbe voll Brot, das übrig bleibt. Die Zahlensymbolik weist auf die Menschen, die aus allen vier Himmelsrichtungen kommen, um sich zu Jesus zu bekennen. Sieben dagegen ist die Zahl der Verwandlung: Auch ihr Leben wird verwandelt werden, wenn Jesus ihnen das Brot reicht und sein Wort verkündet.

Johannes gibt der Brotvermehrung in seinem Evangelium eine andere Deutung. Das wird schon deutlich in der kurzen Bemerkung: »Das Pascha, das Fest der Juden, war nahe« (Joh 6,4), die der Erzählung vorangestellt ist. Johannes erwähnt das Fest, das für die Juden die immer wiederkehrende Erinnerung an die Befreiung des Volkes Israel durch ihren Gott aus der Gefangenschaft in Ägypten bedeutet, in seinem Evangelium insgesamt nur drei Mal: vor der Vertreibung der Händler aus dem Tempel, vor der Brotvermehrung und vor der Passion Jesu. Pascha heißt im Lateinischen *transitus*, Übergang,

Hinübergehen: Aus dieser Welt in die Welt Gottes hinüberzugehen, das ist die Ursehnsucht des Menschen. Jesus erfüllt uns diese Sehnsucht.

In der Brotvermehrung geht es darum, aus dieser rein irdischen Welt mit ihrem Hunger und ihren Bedürfnissen hinüberzugehen in die Welt Gottes, wo Gottes Geist uns erfüllt. Jesus selbst ist das Brot des Himmels. Es stärkt uns beim Hinübergehen aus der Welt Ägyptens – der Welt innerer Gefangenschaft – in das Gelobte Land, in das Land, in dem Gott alles in uns prägt und uns zu uns selbst befreit.

Bei Johannes hat alles Irdische immer auch eine symbolische Bedeutung. Jesus fragt Philippus: »Woher sollen wir Brot kaufen?« (Joh 6,5). Woher – *pothen* – ist das gleiche Wort, das bei der Hochzeit zu Kana fällt. Die Hochzeit zu Kana markiert im Johannesevangelium den Zeitpunkt, ab dem Jesus mit seiner Sendung öffentlich auftritt. Das sogenannte Weinwunder bei dieser Hochzeit ist das erste, das Jesus vor aller Augen wirkt. Der Wein, mit dem Jesus unserem Leben einen neuen Geschmack verleiht, kommt vom

Himmel, genauso wie das Brot in dieser Erzählung von der Brotvermehrung oder der Speisung der Vielen.

Jesus wendet sich mit seiner Frage also an Philippus. Der spielt im Johannesevangelium eine besondere Rolle. Er steht für unseren Durst nach Erkenntnis. Beim letzten Abendmahl sagt er zu Jesus: »Zeig uns den Vater; das genügt uns« (Joh 14,9). Aber zugleich ist Philippus der, der nicht versteht, dass sich Gott in Jesus als Vater zeigt. So ist es auch bei der Brotvermehrung. Jesus wendet sich an Philippus mit der Frage nach dem »Woher«. Doch Philippus versteht den Verweis nicht, dass das Brot, das Jesus geben möchte, vom Himmel kommt. Er meint, man müsse es kaufen. Wie Philippus so möchte Jesus auch uns durch das Brotwunder im Johannesevangelium auf eine andere Wirklichkeit verweisen: auf das Brot, das er selbst ist. Jesus selbst ist das Brot, das uns wahrhaft nährt. Und Jesus ist wie das Manna in der Wüste vom Himmel gekommen, um unseren Hunger auf andere Weise zu stillen, als die Menschen das normalerweise tun.

Eine weitere Besonderheit ist, dass Johannes hier von Gerstenbroten spricht. Er erinnert damit an die Geschichte von der Brotvermehrung durch Elija im Alten Testament (2 Kön 4,42–44) – die beiden Geschichten ähneln sich stark. Gerstenbrot ist das Brot der armen Leute. Das Arme und Einfache, das wir zu bieten haben, wird in der Menschwerdung Gottes in Jesus Christus verwandelt. Johannes will uns auf der einen Seite zeigen, dass Jesus der wahre Prophet ist, der das, was der Prophet Elija getan hat, übertrifft. Aber das Gerstenbrot hat noch eine andere Bedeutung. Im Johannesevangelium geht es ja immer um den Glauben, dass das Wort Gottes in Jesus Fleisch geworden ist. Und Fleisch ist ein Bild für den verletzlichen, einfachen Menschen. Das Gerstenbrot ist ein Bild, dass Gott das Einfache mit seinem Geist erfüllen und so verwandeln kann, dass es uns alle nährt. In diesem einfachen Gerstenbrot, das an alle ausgeteilt wird und alle sättigt, offenbart sich Gottes Herrlichkeit.

Am Ende des Mahls gibt Jesus den Befehl: »Sammelt die Stücke, die übrig geblieben sind, damit nichts verloren gehe!« (Joh 6,12). Nur bei Johannes steht dieses Wort »Sammelt« – *synagein* im Griechischen. Die Aufgabe der Jünger ist es, die Christen wie gebrochene Brotstücke zu sammeln und in die Einheit der Kirche zu bringen. Das wird auch an den zwölf Körben deutlich, die als Symbol für die neue Gemeinschaft der Kirche stehen. So hat schon die Didache – eine frühchristliche Schrift, die kurz nach dem Johannesevangelium entstanden ist und als älteste Kirchenordnung bezeichnet werden kann – diese Verse verstanden: »Wie diese Brotstücke über die Berge zerstreut waren und gesammelt eins geworden sind, so soll auch deine Kirche von den Enden der Erde in dein Reich gesammelt werden.« Das Ziel dieses Sammelns ist, dass niemand verloren geht. Verloren gehen, zugrunde gehen, das ist ein zentrales Wort im Johannesevangelium. Im sogenannten hohepriesterlichen Gebet sagt Jesus: »Ich habe sie behütet, und keiner von ihnen ging verloren« (Joh 17,12). Diese Sorge legt Jesus den Jüngern nahe: Sie sollen die Christen sammeln, damit sie nicht verloren gehen. Das gilt für die Gemeinschaft der Christen. Das gilt aber auch für jeden Einzelnen. Wir verlieren so vieles in uns: unsere Ideale, unsere Kraft, unsere Lebensträume, unsere Fähigkeiten. Eucharistie bedeutet, dass Jesus selbst alles in uns sammelt, damit nichts in uns verloren geht, sondern alle Gaben, die Gott uns geschenkt hat, in die eine Person hinein integriert werden.

Die Erzählungen von der Brotvermehrung verweisen auf die Eucharistie. Darin gibt uns Jesus in Fülle das Brot, das wir brauchen. Er gibt sich selbst für uns hin. Die Brotvermehrung will uns aber auch das Vertrauen schenken, dass Gott für uns sorgt. Auch wenn wir scheinbar nichts haben, so kann Gott doch aus Wenigem genügend Brot für alle entstehen lassen. Zudem wollen die Erzählungen uns einladen, miteinander das Brot zu teilen. Wenn wir das tun, dann reicht es für alle. Dann werden alle satt und es bleibt noch genügend übrig.

Auch wenn wir scheinbar nichts haben kann Gott doch aus Wenigem genügend Brot für alle entstehen lassen.

Suppe mit Brot-Käse-Klößchen

Für kalte Tage

Zutaten

Brot-Käse-Klößchen: 200 g
Weizenbrotwürfel, 150 g Milch,
30 g Butter, 2 Eier, 150 g würzige Käsewürfel, z.B. Bergkäse
oder Emmentaler, 50 g Röstzwiebeln, Muskat, Majoran,
Petersilie

Suppe: 1,2 l Rinder- oder
Gemüsebrühe, 100 g Karotten, 80 g Stangensellerie, 70 g
Lauch, Pfeffer, Muskat und
Schnittlauch

Zubereitung

Für die Klößchen: Die Milch mit der
Butter erhitzen und über die Brotwürfel
geben. Etwas abkühlen lassen. Den kleingewürfelten Käse, die Eier und die Röstzwiebeln zugeben und mit geriebenen
Muskat, Majoran und Petersilie würzen.
Alles gut vermischen und kleine, flache
Klößchen daraus formen. Die Klößchen
in einer Pfanne in etwas Öl knusprig
braten.

Für die Suppe: Die Brühe aufkochen und
die gewürfelten Karotten zugeben. Nach
etwa 10 Minuten den in Streifen geschnitten Stangensellerie und den Lauch
zugeben, mit Pfeffer abschmecken und
weitere 10 Minuten kochen.
Die Brot-Käse-Klößchen zugeben und
kurz ziehen lassen (nicht mehr kochen).
Mit Schnittlauch anrichten.

»Ich bin das lebendige Brot«
Die Brotrede Jesu

In der sogenannten großen Brotrede im 6. Kapitel des Johannesevangeliums nimmt Jesus immer wieder Bezug auf die Geschichte vom Auszug aus Ägypten und auf das Mannawunder, das Gott gewirkt hat. Jesus spricht von der Speise, die verdirbt. Die Menschen sollten sich dagegen mühen für die Speise, »die für das ewige Leben bleibt und die der Menschensohn euch geben wird« (Joh 6,27). Er verweist darauf, dass sein Vater den Israeliten das Brot vom Himmel gegeben hat und Gott auch jetzt bereit ist, ihnen das Brot zu geben, das ihnen Leben spendet. Auf die Bitte der Juden, ihnen doch dieses Brot für immer zu geben, antwortet Jesus: »Ich bin das Brot des Lebens; wer zu mir kommt, wird nie mehr hungern, und wer an mich glaubt, wird nie mehr Durst haben« (6,35).

Jesus identifiziert sich in seiner Person mit dem Brot, das vom Himmel herabgekommen ist. Er kann das Wesen seiner Person am besten im Bild des Brotes zum Ausdruck bringen. Der Glaube ist der Weg, in Jesus das Brot vom Himmel zu erkennen, das unseren wahren Hunger stillt. Der Hunger verweist auf das Gefühl, zu kurz gekommen zu sein, als Kind nicht wirklich satt geworden zu sein – physisch oder emotional. Hunger ist daher letztlich immer Hunger nach Zuwendung, nach Liebe. Die Liebe nährt uns. Aber auch ein Mensch, der uns in unserem Herzen mit seinen Worten berührt, nährt uns.

Jesus verheißt uns, dass er als Person unseren Hunger zu stillen vermag, durch seine Worte, durch seine Ausstrahlung, indem er sich uns ganz und gar zuwendet und sich uns schenkt. Und wie das Manna die Juden auf ihrem Weg ins Gelobte Land, in das Land der Freiheit, gestärkt hat, so stärkt uns Jesus auf unserem Weg in das Gelobte Land, in dem wir ganz wir selbst sein dürfen. Die Worte Jesu zeigen das Geheimnis und auch die Würde des Brotes: Wenn ein Mensch in seiner Person zum Brot werden kann, dann muss das Brot eine besondere Würde haben. Das Brot stillt den Hunger. Ein Mensch, der den Hunger nach Liebe stillt, wird selbst zum Brot für andere, zum Brot, das den inneren Hunger stillt.

Im Johannesevangelium murren die Juden über das, was Jesus ihnen zur Antwort gegeben hat, und weisen auf seine irdische Herkunft hin: »Ist das nicht Jesus, der Sohn Josefs, dessen Vater und Mutter wir kennen?« (6,42). Für den Evangelisten Johannes ist es wichtig, darauf hinzuweisen, dass gerade dieser irdische Mensch Jesus die Offenbarung des Vaters ist. In diesem geschichtlichen Menschen, der in Nazaret aufgewachsen ist, der mitten unter den Menschen gelebt hat, wird Gott erfahrbar: »Wer glaubt, hat das ewige Leben« (6,47).

Nun kommt ein anderes Thema in die Rede Jesu. Es geht nicht mehr um den Hunger und das Brot, das den Hunger stillt, sondern um die Frage von Tod und Leben: Wie finde ich Leben, das nicht mehr stirbt? Jesus antwortet hier auf eine Ursehnsucht der Menschen. Seit jeher wünscht sich der Mensch ein Lebenskraut, ein Lebenselixier, das ihn vor dem Tod bewahrt und seinem Leben ewige Dauer schenkt. Jesus verweist auf die Juden, die in der Wüste das Manna gegessen haben und doch gestorben sind. Wer aber von dem Brot isst, das Jesus selbst ist, wird nicht sterben: »Ich bin das lebendige Brot, das vom Himmel herabgekommen ist. Wer von diesem Brot isst, wird in Ewigkeit leben« (6,51).

Anschließend erklärt Jesus, warum der nicht sterben wird, der sich an ihn bindet: »Das Brot, das ich geben werde, ist mein Fleisch, (ich gebe es hin) für das Leben der Welt« (6,51). Jesus drückt darin aus, dass er sich selbst, sein irdisches Leben hingeben wird für das Leben der Welt. Er wird sich im Tod für uns geben, damit wir das ewige Leben haben. Es ist wie ein göttlicher Austausch: Jesus stirbt, damit wir leben. Er gibt sein Leben, damit wir es für immer haben. Es geht Johannes in der Brotrede also in erster Linie um eine Deutung von Tod und Auferstehung Jesu. Aber er kann dieses Geheimnis am besten im Bild des Brotes ausdrücken, das auch für andere hingegeben wird, um in ihnen Leben zu wecken.

Jesus ist als Person das Brot des Lebens. Aber konkret erfahren können wir ihn in der Eucharistie als das Brot, das vom Himmel herabkommt, um uns auf unserem Weg durch die Wüste zu stärken. Die Eucharistie ist der konkrete Ort, an dem wir an Tod und Auferstehung Jesu glauben, an dem wir uns an Jesus binden, der für uns gestorben ist, an dem wir eins werden mit dem, der das göttliche Leben in sich trägt. Und diese intensive Begegnung mit dem für uns gestorbenen und auferstandenen Herrn geschieht, indem wir sein Fleisch essen und sein Blut trinken: »Mein Fleisch ist wirklich eine Speise, und mein Blut ist wirklich ein Trank. Wer mein Fleisch isst und mein Blut trinkt, der bleibt in mir, und ich bleibe in ihm« (6,55f). Wir dürfen diese Worte nicht kannibalistisch verstehen, uns nicht vorstellen, dass wir das konkrete Fleisch Jesu essen und sein Blut trinken. Vielmehr bezeichnen Fleisch und Blut den Menschen Jesus, meinen das, was ihn ausmacht. Fleisch meint seine Menschlichkeit, seine Hinfälligkeit: Jesus ist wahrer Mensch geworden wie wir. Und Blut verweist uns auf seine Liebe, mit der er sich für uns hingegeben hat.

In der Eucharistie drückt sich der Glaube an Jesus, das Brot des Lebens, leibhaft aus.

In der Eucharistie drückt sich der Glaube an Jesus, das Brot des Lebens, leibhaft aus, indem wir im Brot den Menschen Jesus in seiner Person in uns aufnehmen und im Wein das Blut, die menschgewordene Liebe Jesu, trinken. Essen und Trinken sind in der Traumsymbolik immer Bilder für Integration, das heißt, das Symbol des Essens taucht im Traum immer dann auf, wenn wir schon eine Zeit lang an einem Thema gearbeitet haben. Das Essen ist dann die Aufforderung, das, was wir bearbeitet haben, in uns aufzunehmen, es in unser Leben zu integrieren. Wer Jesu Fleisch isst und sein Blut trinkt, der wird eins mit ihm, der integriert ihn in sein Bewusstsein. Johannes spricht davon, dass wir das Fleisch nicht nur essen, sondern kauen sollen (griechisch: *trogein*). Wir sollen die Liebe Jesu, die sich in seiner Hingabe am Kreuz vollendet, kauen, damit sie nicht nur unser Herz, sondern auch unseren Leib durchdringt. Kauen meint nicht nur den äußeren Vorgang des Essens, sondern in der spirituellen Tradition immer auch das Meditieren, das innere Wiederkäuen des Wortes Gottes. So wie wir den Geschmack des Brotes erst durch ein bedächtiges Kauen schmecken, so sollen wir auch das Brot, das vom Himmel herabkommt, Jesus Christus selbst, in uns aufnehmen, meditieren, kauen, bis wir seine Liebe und seine Hingabe für uns schmecken. Jesus bezeichnet sich als das wahre Brot, das die eigentliche Bedeutung des Brotes aufzeigt. Es ist ein gesundes Brot, ein Brot, das wahrhaft nährt. Und es hat die Fähigkeit, die Seele von ihrer Krankheit zu reinigen. All das ist mitgemeint, wenn Jesus sich als das wahre Brot bezeichnet, das vom Himmel herabkommt. In diesem Brot wird nicht nur unser Leib, sondern auch unsere Seele gestärkt und von Krankheit befreit.

Tomaten-Brotsalat

Zutaten

400 g Kirschtomaten,
200 g Rucola, 300 g Ba-
guette, Weizenbrot oder
Weizenmischbrot (kann
vom Vortag sein), Oliven-
öl, Balsamicoessig, Salz,
Pfeffer, Basilikumblätter,
300 g Fischfilet oder 200 g
Scampi oder 300 g Hähn-
chenbrustfilet

Zubereitung

Das Baguette in dünne Scheiben schneiden und
leicht im Ofen oder in der Pfanne anrösten, nach
Geschmack die Brotscheiben mit einer Knob-
lauchzehe leicht abreiben. Rucola putzen, wa-
schen und trocknen. Das Hähnchenfleisch oder
den Fisch salzen und pfeffern und braten, dann
auf die Seite stellen. Kirschtomaten mit Olivenöl
braten, bis die Haut platzt.

Die gesalzenen und gepfefferten Tomaten in eine
Schüssel geben, dann den Rucola zugeben und
mit Olivenöl und Balsamico vermischen. Mund-
gerecht geschnittene oder gebrochene geröstete
Brotscheiben zugeben. Hähnchen in Scheiben
schneiden, Fischfilet zerkleinern und auf den
Brotsalat geben. Bei der Variante mit Scampi:
Die gebratenen Scampi über den Tomaten-Brot-
salat geben.

Grillfreunde können die Zutaten grillen und
auch die Brotscheiben vorsichtig anrösten.

Gottvertrauen
Die Bitte um das tägliche Brot

Das Vaterunser ist nicht nur das bekannteste Gebet der Christen, man kann es auch als so etwas wie ein komprimiertes »Programm« verstehen: Es enthält alles das, was die Christen glauben und was sie sich erhoffen. Im ersten Teil geht es darum, dass das Reich Gottes komme und sein Wille geschehe, dass Gottes Wirken in dieser Welt sichtbar wird und sich durchsetzt gegenüber all den zerstörerischen Kräften menschlicher Machthaber.

Im Mittelteil des Gebets sind einige Bitten formuliert. Dabei geht es um das ganz alltägliche Leben des Menschen, also darum, was er braucht, um gut leben zu können, sowohl in physischer, als auch in spiritueller Hinsicht.

In der Bitte um das tägliche Brot geht es dabei generell um Nahrung und Lebensunterhalt. Wir bekennen im Vaterunser, dass wir auch in unseren irdischen Nöten auf Gottes Hilfe angewiesen sind. Das Brot, um das wir bitten, erinnert uns an das Wort, das Gott zu Adam kurz vor der Vertreibung aus dem Paradies sagt: »Im Schweiße deines Angesichts sollst du dein Brot essen« (Gen 3,19). Es ist mit Mühe verbunden, immer für den eigenen Lebensunterhalt sorgen zu können. Viele Menschen, die heute in unserer Gesellschaft in Armut leben, spüren die Angst, ob das Geld für die Familie reichen wird, ob sie auch für das Alter genügend Rücklagen bilden können. Die Bitte um das tägliche Brot will ihre Hoffnung stärken, dass Gott für sie sorgen wird.

Jesus hat bei dieser Bitte offensichtlich die Armen im Blick. Ihnen hat er sich vor allem zugewandt und die frohe Botschaft verkündet. Zu dieser frohen Botschaft gehört auch, dass Gott für das leibliche Wohl der Menschen sorgt. Wir beten diese Bitte mit den Armen Israels, aber auch mit all den Armen in unserer Welt heute. Wir fühlen uns solidarisch mit ihnen. Und wir fühlen uns durch diese Bitte herausgefordert, das Unsere dazu beizutragen, dass alle Menschen auf dieser Erde zu essen haben.

Jesus hatte in seinem Gebet jedoch auch seine Jünger im Blick. Sie hatten alles verlassen, ihr Zuhause, ihren Beruf, ihre Familie, um Jesus nachzufolgen. Sie waren herausgerissen aus ihrem täglichen Erwerbsberuf und somit angewiesen auf die Gaben der Menschen. In ihrer Sorge um das tägliche Brot sollten sie das Vertrauen auf Gott einüben, der für sie sorgen und die Hände der Menschen öffnen wird. Hinter dieser Zeile des Gebets steht daher die Bitte, dass Gott den Jüngern, die auf die Hilfe der Menschen angewiesen sind, heute das Brot gebe, das sie morgen brauchen. Denn so heißt wörtlich übersetzt die Brotbitte im Matthäusevangelium: »Unser Brot für morgen gib uns heute!« (Grundmann 197 und 202). Gott möge uns heute das Korn geben, mit dem wir das Brot backen, das wir morgen essen können.

Lukas hat die Brotbitte anders formuliert: »Gib uns täglich das Brot, das wir brauchen« (Lk 11,3). Man könnte auch übersetzen: »Unser Brot, das wir nötig haben, gib uns Tag für Tag.« Der Verfasser dieses Evangeliums

Wir beten diese Bitte mit den Armen Israels, aber auch mit all den Armen in unserer Welt heute.

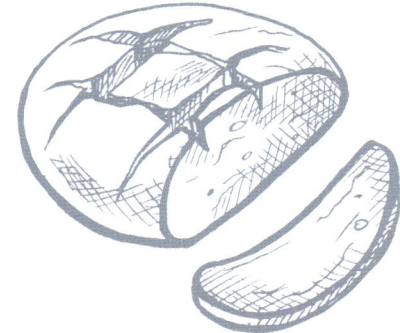

hat nicht mehr die Jünger im Blick, die bei ihren Predigten herumwandern und auf die Hilfe der Menschen angewiesen sind, sondern eher Menschen wie du und ich, die ihrem ganz normalen Tagwerk nachgehen. Diese Menschen sollen sich täglich einüben in das Vertrauen auf Gottes Fürsorge. Lukas übersetzt also das Vaterunser in die alltägliche Situation, wie wir sie auch kennen: »Menschen, die so beten, haben nicht mehr nur gerade den heutigen (oder morgigen) Tag vor Augen; sie erbeten die tägliche Sicherung durch Gott auch schon für die Zukunft. So beten nicht mehr nur Arme und Hungernde, so beten sesshafte Familien, Familienväter, Familienmütter, Leute, die Verantwortung tragen füreinander und dabei auch schon an die Zukunft denken. So kommt die Brot-Bitte, wie sie im Lukasevangelium formuliert ist, unserem Lebensstil besser entgegen. Es ist ein Lebensstil, der geprägt und getragen ist von der Verantwortung füreinander« (Venetz 67).

Bei der Brotvermehrung wurde das Brot unter allen aufgeteilt. Im Vaterunser bitten wir, dass Gott uns unser tägliches Brot geben möge. So verweist uns diese Bitte immer auch auf die anderen Menschen. Wir können dieses Brot nie nur für uns erbitten, sondern auch für all die Menschen, die Not leiden. Das Gebet weitet unseren Blick, damit wir ein Gespür dafür bekommen, wo Menschen kein Brot haben. Und es ist eine Aufforderung, das Unsere dazuzutun, dass die Menschen Brot bekommen. Durch uns sollen sie das Brot erhalten, das sie für ihren Lebensunterhalt brauchen. Leonardo Boff fordert: »Das Brot, das gemeinsam erzeugt wird, muss auch gemeinsam geteilt und gemeinsam gegessen werden. Nur dann können wir wirklich um unser tägliches Brot beten. Gott erhört nicht das Gebet, das nur um Brot für mich selbst bittet« (Boff, 129).

Die Kirchenväter haben bei der Brotbitte an den täglichen Lebensunterhalt gedacht. Sie mahnen die Christen, dass sie um Brot beten sollen und nicht um Reichtum oder Luxus. So sagt Gregor von Nyssa: »Wir sollen lediglich um das bitten, was zur Erhaltung des leiblichen Daseins ausreicht, nicht um Üppigkeit und Reichtum, nicht um farbenprächtige Purpurgewänder, nicht um Goldschmuck und glitzernde Edelsteine« (Bader 35). Gott darf nicht dazu benutzt werden, dass wir möglichst reich werden. Wir sollen uns an Gott wenden, damit wir genug haben, um leben zu können. Brot ist von allen Völkern aber nicht nur als das unbedingt Notwendige betrachtet worden, sondern auch als etwas Heiliges, das oft mit Ehrfurcht und Verehrung behandelt wurde.

Jesus selbst hat dem Brot noch eine andere Bedeutung beigemessen, wie wir oben schon gesehen haben: Er selbst ist das Brot, das vom Himmel herabgekommen ist. Er ist das Brot, das ewiges Leben schenkt. Dieses Brot reicht er uns in der Eucharistie. Er schenkt sich uns im Brot, um uns auf unserem Lebensweg zu stärken.

Er möchte im Brot mit uns eins werden, möchte selbst Brot für uns sein, das uns stärkt und gesund macht. Jesus gibt sich für uns im Brot, damit wir mit ihm eins werden. Brot zu essen heißt, es ganz und gar zu integrieren. So sollen wir durch das Gebet des Vaterunsers ganz und gar von Christus durchdrungen und mit ihm eins werden. Dann vermögen wir wahrhaft zu leben wie Jesus.

Die Deutung der Brotbitte auf die Eucharistie hin schließt die Bitte um das irdische Brot nicht aus. Auch die Kirchenväter verbinden beide Deutungen miteinander, ohne darin einen Gegensatz zu sehen. Cyprian meint: »Diese Bitte kann sowohl geistig als auch wörtlich verstanden werden. Beide Auslegungen bergen einen göttlichen Nutzen und dienen zum Heil ... Dass uns Christus, das Brot des Lebens, täglich zuteil werde, darum bitten wir, damit wir, die wir in Christus sind und seine Eucharistie täglich empfangen, vom Leib Christi nicht getrennt werden« (ebd. 37). Und für Augustinus ist auch das Wort, das wir täglich hören, Brot, das uns nährt: »Davon lebt unser Geist, nicht der Bauch« (ebd. 38). Diese spirituelle Deutung der Vaterunserbitte soll aber nicht gegen die irdische ausgespielt werden. Vielmehr brauchen wir immer beides: das Brot, das wir zum Lebensunterhalt nötig haben, und das geistige Brot des Wortes und der Eucharistie, das unseren Geist nährt und uns mit dem Leib des Herrn vereint, »damit wir das werden, was wir empfangen« (Augustinus, zit. bei Bader 38).

Jesus möchte im Brot mit uns eins werden,
möchte selbst Brot für uns Brot sein,
das uns stärkt und gesund macht.

Karthäuserklöße

Nachtisch für alle!

Zutaten

6 altbackene Milchweck oder Brötchen, 450 ml Vollmilch, Vanille, 3 Eier, 40 g Zucker, eine Prise Salz; Butterschmalz oder Öl zum Ausbacken, Zimtzucker

Zubereitung

Die Rinde der Weck mit einer Reibe abreiben. Falls die Rinde zu weich ist, abschälen, dann die Weck halbieren. Milch, Eier, Vanille und Salz miteinander verquirlen und über die Weck gießen. Mehrmals wenden, damit die Weck die Eiermasse aufsaugen. Dann mit der gerieben Rinde (evtl. etwas Semmelbrösel dazugeben) panieren. Im Butterschmalz oder Öl von allen Seiten goldgelb braten. Danach in Zimtzucker wälzen. Mit Vanillesoße servieren.

Typisch fränkisch reicht man zu den Karthäuserklößen Mostsoß (Weinsoße). Dazu 2 Eier, 130 g Zucker mit 80 ml kaltem Wasser verrühren und 50 g Stärkemehl darin auflösen. 500 ml Wein, 170 ml Wasser heiß werden lassen (nicht kochen), dann die Eiermasse einrühren, klümpchenfrei abbinden lassen. Vom Herd nehmen und mit einem Schneebesen kurz schaumig schlagen. Abkühlen lassen.

Alles durchdringend
Das Gleichnis vom Sauerteig

Auch in den Gleichnissen Jesu spielt das Brot eine Rolle. In einem Gleichnis vergleicht Jesus das Himmelreich »mit dem Sauerteig, den eine Frau unter drei Sat Mehl mischte, bis das Ganze durchsäuert war« (Mt 13,33 und Lk 13,21). Die Exegeten haben dieses Gleichnis auf verschiedene Weise ausgelegt. Für den Evangelisten Lukas steht vermutlich im Mittelpunkt, dass eine kleine Menge Sauerteig eine große Menge Mehl durchsäuern und zu Brotteig werden lassen kann. Drei Sat Mehl entspricht ungefähr 39 Liter Mehl. Das ergibt eine Menge Brot. Der Sauerteig ist hier ein Bild für das Reich Gottes. Das meint: die Herrschaft Gottes, die sich vor allem in seinem Wort ausbreitet. Jesus meint also, dass sich das Wort Gottes, auch wenn es unscheinbar ist, doch unter den Menschen immer mehr ausbreitet und sie verwandelt. Reich Gottes kann auch ein Bild für die christliche Gemeinde sein, in der Gott herrscht. Am Anfang ist diese noch sehr klein, sie wird sich aber über die ganze Welt ausbreiten.

Manche Exegeten erinnern daran, dass der Sauerteig in Israel eher negativ gesehen wurde. Das Brot für jeden Tag wurde zwar mit Sauerteig gebacken. Aber vor dem Paschafest musste der alte Sauerteig aus dem Haus geschafft werden. Daran erinnert Paulus im 1. Korintherbrief: »Schafft den alten Sauerteig weg, damit ihr neuer Teig seid ... Lasst uns also das Fest nicht mit dem alten Sauerteig feiern, nicht mit dem Sauerteig der Bosheit und Schlechtigkeit, sondern mit den ungesäuerten Broten der Aufrichtigkeit und Wahrheit« (1 Kor 5,7f).

Jesus hält sich in seinen Bildern oft nicht an den Kodex jüdischer Frömmigkeit und hat damit häufig die Menschen schockiert. Er hat also

keine Hemmung, auch den Sauerteig als Bild für das Reich Gottes zu sehen. Das Reich Gottes, die Botschaft Jesu mischt sich so in die vielen Worte, die in dieser Welt gesprochen werden, dass sie nach und nach alles durchdringt und verwandelt. Die Kirche hat dieses Gleichnis oft triumphalistisch ausgelegt, so, als ob es dabei eher um einen Siegeszug und das Bekämpfen anderer Glaubensrichtungen ginge. Das liegt uns heute völlig fern.

Der Evangelist Matthäus verwendet in seiner Version des Gleichnisses für das Tun der Frau nicht das Wort »kneten«, sondern »verbergen«: Die Frau »verbirgt« den Sauerteig unter drei Sat Mehl. So können wir heute sagen: Wir sehen die Botschaft Jesu oft nicht. Und doch hat sie das Denken der Welt verwandelt.

Auch in unseren weltlichen Medien ist etwas davon zu spüren, dass sie vom Sauerteig der Botschaft Jesu durchdrungen sind, ohne dass es offenbar wird. Wir brauchen nur manche Artikel genau anzuschauen, dann werden wir darin viele Anspielungen an die Worte Jesu erkennen. Oder wir sehen bei Dichtern, die nicht bewusst christlich sein wollen, wie etwa Bert Brecht, wie doch die Worte und Bilder Jesu sein Denken beeinflusst haben. Auch wenn heute die Kirche nicht mehr die gleiche Bedeutung für die Gesellschaft hat wie noch vor 50 Jahren, so ist die Botschaft Jesu doch wie ein Sauerteig in das abendländische Denken eingedrungen. Ich erlebe

Der Sauerteig ist ein Bild für die Liebe,
die alles in uns durchdringt.

oft bei Führungsseminaren, dass Führungskräfte das Bild des Sauerteigs gebrauchen. Wenn in einer großen Firma drei Mitarbeiter auf der gleichen Wellenlänge sind, dann wirken sie oft wie ein Sauerteig auf die vielen anderen ein. Irgendwann ist dann ihre Denkweise in das Denken der anderen eingedrungen und hat es verwandelt.

Man kann dieses Gleichnis auch persönlich auslegen. So haben es schon die Kirchenväter getan, etwa Augustinus. Der Sauerteig, der unter drei Sat Weizenmehl gemischt wird, ist für ihn ein Bild für die Liebe, die alles in uns durchdringt. Die drei Sat Mehl versteht er allegorisch, und zwar als die drei Bereiche im Menschen: als Denken, Fühlen und Begehren oder als Körper, Sinne und Vernunft. Alle Bereiche müssen in uns vom Glauben oder von der Liebe durchdrungen werden. Dann werden wir Brot für andere.

Im Gleichnis ist es eine Frau, die den Sauerteig in das Mehl mischt. Augustinus deutet sie als die Kirche, die die Botschaft Jesu in die Welt hineinbringt. Die Frau ist aber auch ein Bild für die weibliche Seite im Menschen, die ein Gespür hat für Ganzheit, für Neugeburt, für Verwandlung.

Das Mehl kann auch ein Bild sein für das, was uns zwischen den Fingern zerrinnt. Wir haben manchmal das Gefühl, dass unser Leben wie Mehl ist: Wir können unsere Gedanken und Gefühle nicht fassen. Es ist soviel in uns, das nebeneinander liegt, ohne miteinander verbunden zu sein. Das Unbewusste in uns ist wie Staub, der sich auf alles legt. Wir wissen nicht, woher er kommt. Und doch wird alles davon staubig. Wenn der Sauerteig der Liebe alles in uns durchdringt, wird das Vielerlei, das Auseinanderstiebende, das kaum Greifbare zu einer Einheit. Über Nacht wird alles durchsäuert und kann so zum Brot werden, das andere nährt.

Roggenmischbrot

2 Stück mit etwa 850g

Für jeden Tag

Teigzutaten

200 g Roggensauerteig, 460 g Roggenmehl Type 1150, 400 g Weizenmehl Type 1050 oder 550, 20 g Steinsalz (oder 22 g Meersalz), 15 g Hefe und etwa 600 ml warmes Wasser (etwa 28°C); nach Geschmack gemahlenen Kümmel, ganzen Kümmel, gemahlenen Anis zugeben. Gewürze sollten vorsichtig dosiert werden, da sie sonst den Brotgeschmack dominieren.

Teigzubereitung

Die Hefe im Wasser auflösen, die restlichen Zutaten zugeben und kneten. Den Teig bei Zimmertemperatur etwa 20 Minuten abgedeckt stehen lassen. Danach zwei Stücke rund formen und auf einem Tuch mit dem Schluss nach unten setzen, etwa 30 bis 40 Minuten gehen lassen. Ideal ist es, die Teigstücke in Gärkörben gehen zu lassen. Beim Formen und Wegsetzen mit Mehl bestäuben, um Ankleben zu verhindern.

Ein tiefes Blech in die untere Schiene geben. Den Backofen auf 240°C vorheizen. Die Brote umgedreht in den Ofen geben und etwa 50 ml warmes Wasser auf das untere Blech gießen. Den Ofen auf 195°C zurückstellen.

Nach 5 Minuten die Ofentür für kurze Zeit öffnen, damit der Wasserdampf entweichen kann.

Backzeit: etwa 50 Minuten.

Gebrochen und gesegnet
Das Abendmahl Jesu

Die höchste Würde bekommt das Brot im Christentum dadurch, dass Jesus es beim letzten Abendmahl als Zeichen seiner Hingabe an uns verstanden hat. Seither essen wir in jeder Eucharistiefeier im Brot Jesu Leib, den er für uns im Tod hingegeben hat. Den Ritus des Brotbrechens hat Jesus vom jüdischen Mahl übernommen: Der Hausvater hob beim gemeinsamen Mahl das Brot empor. Er sprach den Segen. Dann brach er das Brot und teilte es unter denen, die am Tisch saßen, aus. Beim normalen Mahl hatte das den Sinn, dass die Essenden teilhatten am Segen, der über das Brot gesprochen wurde. Das Brot vermittelte also den Segen Gottes, der im Brot für die Essenden leibhaft erfahrbar wurde. Daher aß man das Brot achtsam. Es war nicht nur Nahrungsmittel, sondern gesegnetes Brot.

Diesem Ritus gibt Jesus nun aber noch eine tiefere Bedeutung. Das Brot ist nicht nur Bild für den Segen Gottes, sondern Bild für seine Hingabe am Kreuz. Das gebrochene Brot wird zum Zeichen, dass Jesus sich für uns am Kreuz zerbrechen lässt, damit wir nicht zerbrechen an unserem Leben. Im Essen des Brotes spüren wir die Liebe Jesu, mit der er sich für uns hingegeben hat. Von dieser Liebe sagt Jesus im Johannesevangelium: »Es gibt keine größere Liebe, als wenn jemand sein Leben hingibt für seine Freunde« (Joh 15,13). Vor der Kommunion bricht der Priester das Brot und gibt ein kleines Stück der Hostie in den Kelch. Dieser Ritus ist von tiefer Bedeutung. Wir brechen den Leib Jesu Christi, der für uns am Kreuz zerbrochen wurde, um all unsere Gebrechen zu heilen. Das Brechen des Brotes ist aber zugleich die Bitte, dass Christus alles in uns zerbrechen möge, was uns gegenüber der Liebe Gottes verschließt. Das Brot, das in den Wein getaucht wird, wird zum

Bild der Auferstehung und – wie es die östliche Liturgie versteht – dafür, dass Gott unsere Sterblichkeit mit seiner Unsterblichkeit vermischt.

Jesus erfüllt das, was im jüdischen Ritus des Brotbrechens vorausgedacht war. Er erfüllt aber noch etwas anderes: Das Alte Testament kennt das prophetische Zeichen, das heißt, die Propheten stellen durch ein Zeichen etwas dar, was Gott in Zukunft tun wird. So ist auch das Brotbrechen für Jesus eine Vorausdarstellung seines Todes. Das gilt für Jesu Tun beim Abendmahl. Wenn wir das Zeichen des Brotbrechens in der Eucharistie feiern, dann ist es für uns eine Vorausdarstellung von dem, was uns erwartet: die

Wiederkunft des Herrn. Das hat Paulus in seinem Bericht über das Abendmahl klargestellt: »Sooft ihr von diesem Brot esst und aus dem Kelch trinkt, verkündet ihr den Tod des Herrn, bis er kommt« (1 Kor 11,26). Wir essen miteinander das Brot, das uns Jesus reicht, in Erwartung von Jesu Kommen in Herrlichkeit. Im Mahl erfahren wir Jesus leibhaft. Aber das ist noch nicht die Erfüllung. Das Mahl verweist uns auf das Mahl in der ewigen Herrlichkeit, auf das Hochzeitsmahl im Himmel, das wir jetzt schon vorausnehmend hier auf Erden feiern.

Jesus hat bewusst den Ritus des Brotbrechens und des Weintrinkens gewählt, um das Geheimnis seiner Liebe für uns zum Ausdruck zu bringen. Der Dogmatikprofessor Johannes Betz drückt das so aus: »Wie die Speise ganz und gar für den Menschen da ist, dazu bestimmt, ihr Eigensein aufzugeben und ins Sein der Menschen aufgenommen und ›aufgehoben‹ zu werden, deren Existenz aufzubauen, so ist er für die Menschen da, so gibt er sein irdisches Leben im Tod hin, nicht, um sein Eigensein zu verlieren, sondern es neu bei Gott zu gewinnen und den Menschen zu ihrer Rettung zu geben. In der Darreichung der Speise enthüllt Jesus sein tiefstes Wesen: Er ist Sein für Gott und Sein für die Menschen« (Betz Mysterium Salutis IV,2, 199). Er spricht von Speise. Wenn wir stattdessen vom Brot sprechen, dann bekommt das noch einmal eine neue Bedeutung: Jesus gibt sich uns in der Gestalt des Brotes. Er will uns seine Liebe schenken, damit sie uns stärkt auf unserem Weg durch die Wüste unseres Lebens. Und er will sich schmecken lassen als Brot, das würzig ist, das kraftvoll ist, das wir genießen dürfen.

Sooft ihr von diesem Brot esst und aus dem Kelch trinkt,
verkündet ihr den Tod des Herrn, bis er kommt.
(1 Kor 11,26)

Die Theologen des Mittelalters haben sich viele Gedanken darüber gemacht, wie das Brot zum Leib Christi werden kann. Sie sprechen von der Verwandlung der Substanz, von Transsubstantiation. Theologisch bedenken, was in der Eucharistie geschieht, ist sicher wichtig. Wir haben einen Verstand. Und der möchte befriedigt werden. Aber wir können das Geheimnis der Eucharistie auch erklären, indem wir dem Geheimnis des Brotes nachspüren. Im Brot gibt sich Jesus, um uns zu stärken und zu heilen. Und er gibt sich im Brot, damit wir ihn schmecken, mit unseren Sinnen wahrnehmen. Das gebrochene Brot ist Bild seiner Liebe, in der er sich für uns aufgebrochen hat, in der er sich für uns zerbrechen ließ. Und es ist ein Bild dafür, dass sich Jesus für uns hingibt. Das Brechen des Brotes war seit jeher ein Bild des »Fürseins«: Jesus ist ganz und gar für uns. Er gibt sich für uns, schenkt sich uns, lebt für uns. Er tritt für uns ein.

Im Brot gib sich Jesus,
um uns zu stärken
und zu heilen.

Scheiterhaufen mit Äpfeln

Obst mal ganz anders

Zutaten

6 Milchweck oder Brötchen,
250 ml Vollmilch, 3 Eigelb,
25 g Zucker, Vanille, 5 Äpfel
(man kann auch anderes Obst
verwenden, z. B. Rhabarber,
Kirschen oder Birnen), 100 g
Butter
Für die Schneehaube: 3 Eiweiß,
90 g Zucker, 120 g gemahlene
Haselnüsse (oder Mandeln)

Zubereitung

Die Weck in dünne Scheiben (ca. 5 mm)
schneiden und in eine Schüssel geben.
Warme Milch (nicht heiß), Eigelb, Zucker und Vanille kurz aufschlagen und
die Weckscheiben damit übergießen. Ab
und zu wenden.

Eine Auflaufform buttern, abwechselnd
eingeweichte Weckscheiben und die
geschälten, in Scheiben geschnittenen
Äpfel in die Form schichten. Mit Butter-
flocken bedecken und hell backen (190°C
in mittlerer Schiene mit Unter- und
Oberhitze, ca. 30 Minuten).

Für die Schneehaube Eiweiß zu steifem
Schnee schlagen und den Zucker einrie-
seln lassen. Nüsse unterheben.

Den Auflauf aus dem Ofen nehmen und
die Eischneemasse aufstreichen. Goldgelb überbacken.

Dazu passt auch Vanillesoße sehr gut.
Wer möchte, kann auf die Schneehaube
verzichten. Dann 3 ganze Eier mit der
Milch und 100 g Zucker verrühren.

Rituale rund um das Brot

Wenn du zwei Brote hast,
so tausche eines gegen Blumen,
denn sie sind Brot für die Seele.
CHINESISCHES SPRICHWORT

In der volkstümlichen Tradition und auch im liturgischen Jahr der Kirche gibt es viele Rituale, in denen das Brot eine große Rolle spielt. Die Rituale zeigen, dass das Brot zu einem wichtigen Symbol für unser Leben geworden ist. Zudem wird an ihnen deutlich, dass das Brot nicht nur Grundnahrungsmittel, sondern in seiner Bedeutung als Symbol auch etwas Heiliges ist. Rituale schaffen etwas Heiliges und machen aus profanen Gegenständen heilige Gegenstände – so haben es die Griechen verstanden.

Das Brot ist mehr als ein Nahrungsmittel. Es wird zum Symbol des Heiligen, des Bereiches, in dem Gott herrscht. Heilig ist das, was der Welt entzogen ist. Das Heilige ist aber immer auch das Heilsame. Daher zeigen die Rituale rund um das Brot seine heilende Wirkung und all dessen, was wir mit dem Brot verbinden.

Bevor ich einige Rituale beschreibe, die heute noch praktiziert werden, möchte ich auf einen Brauch hinweisen, der bei den frühen Mönchen üblich war: Sie sammelten die Brosamen am Ende der Mahlzeit ein. In der Regula magistri, aus der auch Benedikt schöpft, wird angeordnet, »die Brotkrumen mit Ehrfurcht einzusammeln und dem Cellerar zu überreichen, der sie ,ehrfürchtig' aufbewahren soll. Am Ende der Woche wird daraus ein Pfannkuchen gemacht« (Guido Fuchs, Mahlkultur 235). Und noch im Mittelalter war es üblich, dass man ein auf den Boden gefallenes Stück Brot küsste. Guido Fuchs zitiert hier den Humanisten Erasmus von Rotterdam, der zur Zeit Luthers wirkte: »Brot behandelten unsere Vorfahren immer beim Gastmahl wie einen geheiligten Gegenstand, woher die Sitte rührt, ein Stück, das zufällig auf den Boden gefallen ist, zu küssen« (zitiert bei Guido Fuchs, Mahlkultur 227). Dieser Hinweis zeigt, wie sehr unsere Vorfahren das Brot schätzten. Von dieser Ehrfurcht vor dem Brot könnten wir auch heute noch lernen.

Gott genießen – Das Kreuzzeichen beim Brotanschneiden

So wie meine Mutter es tat, tun es heute noch viele Mütter und Väter: Sie zeichnen vor dem Brotanschneiden ein Kreuz auf das Brot. Das möchte deutlich machen: Das Brot ist gesegnet, Gott schenkt uns dieses Brot. Wir haben es nicht nur gekauft, damit wir es essen. Wir machen uns vielmehr bewusst, dass uns im Brot die Liebe Jesu berührt. Das meint das Zeichen des Kreuzes: Liebe bis zur Vollendung. Auch im alltäglichen Verzehr des Brotes soll uns bewusst werden, dass wir die Liebe Jesu schmecken.

Das Kreuzzeichen, das in das Brot hineingeritzt oder nur als Geste darauf gezeichnet wird, gibt unseren Mahlzeiten etwas vom Glanz der Eucharistie. Und es zeigt zudem, dass Gott nicht nur einer ist, der uns Weisungen für unser Leben gibt. Gott lässt sich auch genießen. *Fruitio dei,* also Gott zu genießen, das ist das Ziel des geistlichen Lebens. Die Frauenmystik des Mittelalters entwickelt sogar eine eigene Theologie der *dulcedo dei,* der »Süßigkeit Gottes«. Gott hinterlässt keinen bitteren, sondern einen süßen Geschmack. Indem wir das mit dem Kreuz gesegnete Brot bewusst essen und schmecken, ahnen wir etwas von dieser Süßigkeit Gottes.

Das meint das Zeichen des Kreuzes:
Liebe bis zur Vollendung.

Frisch verbunden bleiben –
Brot und Salz

Im Orient ist der Ausdruck »Brot und Salz teilen« ein Synonym für Gastfreundschaft. Pater Serge de Beaurecueil, ein französischer Dominikaner, der über 30 Jahre in Afghanistan lebte, erzählte von einem 16-jährigen afghanischen Jungen, der an seine Tür klopfte und ihm sagte: »Ich möchte gerne mit Ihnen Brot und Salz teilen, damit wir für immer verbunden bleiben« (Brot und Salz 6). Bei uns in Deutschland ist es üblich, dem Brautpaar bei der Hochzeit Brot und Salz zu reichen. Brot steht für den Wunsch, dass die Eheleute immer genug zum Leben haben und dass sie das Leben auch genießen können. Salz steht einmal für die Würze im Leben, verbunden mit dem Wunsch, dass ihre Liebe nie schal werde, sondern immer würzig schmeckt. Gerade im Orient ist Salz aber auch ein Zeichen der Verbundenheit, des Bundes, den ich mit einem anderen schließe. Salz ist daher in diesem Zusammenhang auch die Verheißung, dass der Bund der Ehe hält. Salz bewahrt vor Fäulnis und zudem reinigt es. Man verbindet mit dem Salz den Wunsch, dass die Liebe immer frisch bleibe und immer wieder gereinigt werde von Trübungen.

Liebe ist genauso notwendig wie Brot.
Honoré de Balzac

Brot und Salz ist auch ein beliebtes Mitbringsel zum Ein-
zug in ein neues Haus oder eine neue Wohnung. Auch hier
ist mit diesen Gaben der Wunsch verbunden, dass die, die
unter diesem Dach wohnen, immer genügend zum Essen
haben mögen und dass ihr Leben gesegnet sei, dass die
Bewohner selbst zum »Salz der Erde« werden, wie es Jesus
seinen Jüngern aufgetragen hat (Mt 5,13).

Gott schmecken – Brotgebilde und Brotbräuche

Auch heute noch backen viele Bäcker zu bestimmten Festen und Festzeiten sogenannte Gebildbrote. Sie formen Bilder und backen sie, damit die Menschen sie erst betrachten und dann essen können. Franz Nießen, der vor seiner Priesterweihe selbst Bäcker war, nennt die Gebildbrote eine »Brotsprache, in der der Mensch mit Gott ins Gespräch kommt (vgl. Nießen, Die Botschaft des Brotes 19). Das Essen von Gebildbroten ist eine konkrete Weise, das Geheimnis des christlichen Festes zu meditieren und es zu verinnerlichen. Wenn wir etwas essen, dann wirkt es tiefer als das Hören von Worten. Franz Nießen meint, in diesem Essen von Gebildbroten zeige sich »die uralte Menschheitserfahrung, dass sich der Mensch über die Brotform ins Leben hineinessen will. In ein Leben, das nicht über den Verdauungstrakt geregelt wird, sondern diesen sprengt und öffnet in den Bereich der

Hoffnung und Zuversicht auf eine Zukunft, in der der biologische Kreislauf aufgebrochen wird, um einem Leben Raum zu geben, das nicht endet« (Nießen, Botschaft 26). Das bewusste Genießen der Gebildbrote ist also eine Weise der Meditation der Festgeheimnisse, die vor allem den Laien und den Menschen entgegenkommt, die nicht theologisch vorgebildet sind.

Doch es geht heute nicht nur darum, alte Bräuche weiterzuführen. Sie verlangen auch nach einer neuen Deutung, damit sie wieder eine Bedeutung gewinnen für die Praxis unseres Glaubens. Daher möchte ich einige Beispiele nennen, die heute noch aktuell sind.

Jede Gegend, jede Tradition, jedes Land hat seine eigene Bildsprache entwickelt im Hinblick auf die Bräuche zu den Festen. Im Rheinland bekommen die Kinder beispielsweise an Nikolaus einen Weckmann. Dieser Brauch hat sich aber inzwischen in beinahe ganz Deutschland etabliert für die gesamte Adventszeit. Zudem gibt es den Weihnachtsstollen. Die Form soll das in Windeln gewickelte Christuskind symbolisieren. Man hatte offensichtlich das Bedürfnis, Weihnachten nicht nur durch Worte und in Liedern zu feiern, sondern sich das Geheimnis auch durch Essen einzuverleiben. Im Essen wird das Geheimnis der Menschwerdung Gottes gleichsam gekaut, damit es tief in das Innere des Menschen eindringen kann. Das bewusste Essen des Weihnachtsstollens ist eine eigene Form, das, was wir an Weihnachten feiern, leibhaft an sich zu erfahren und es zu verinnerlichen.

An Neujahr backt man in vielen Gegenden Deutschlands den Eierring. Als Kreis mit zwölf Zacken symbolisiert er den Jahreskreis mit den zwölf Monaten. In manchen Gegenden bekommt der Pate einen großen Eierring an Neujahr überreicht. Auch hier geht es um eine leibhafte Meditation des Geheimnisses, das wir an Neujahr feiern. Es ist die Hoffnung, dass im kommenden Jahr alles neu wird, dass wir nicht festgelegt sind durch die Vergangenheit, sondern einen neuen Anfang wagen können, einen Anfang, der dazu führt, dass unser Leben gelingt. Der Kranz steht als Symbol immer für gelingendes Leben. Er ist letztlich als ein Siegerkranz zu verstehen.

Oft sind bestimmte Brotformen verbunden mit dem Fest einiger Heiliger. Die Brote werden dann häufig vor dem Verzehr in der Kirche geweiht, wie zum Beispiel das Agathabrot am 5. Februar. Es erinnert an die abgeschnittenen Brüste der Jungfrau, die geheilt wurden. Wir haben am Agathabrot teil an ihrer Liebe, die stärker war als die Drohungen des Henkers. Das Antoniusbrot, das an seinem Fest am 13. Juni verteilt wird, erinnert uns an sein soziales Wirken, dass auch wir unser Brot miteinander teilen sollen. Oft sind Heilige mit einem Brot dargestellt, weil sich eine Legende aus ihrer Heiligengeschichte um Brot dreht. So begegnet man Nikolaus häufig mit drei Broten, weil er seine Heimatgemeinde vor einer Hungersnot bewahrte, Elisabeth von Thüringen, Laurentius im 3. Jahrhundert und Notburga, weil sie sich darum kümmerten, dass die Armen ihrer Zeit mit Brot versorgt wurden.

Die Brote, die an den Heiligenfesten gebacken werden, haben häufig auch besonderes Formen, etwa das Andreasbrot oder das Valentinusbrot. In manchen Gegenden gibt es zu diesen Festen eine Brotspende für die Armen, z.B. das Elisabethbrot am 19. November. Es erinnert an das Rosenwunder: Elisabeth wollte während einer Hungersnot den Armen einen Korb voll Brot bringen, doch ihr Mann war von dieser Art Hilfe wenig begeistert und hatte es ihr schlichtweg verboten. Als er Elisabeth mit dem Korb Richtung Dorf gehen sah, wollte er sie zur Rede stellen und auf frischer Tat ertappen. Er schnitt ihr den Weg ab und zog das Tuch, das sie über den Korb gelegt hatte, herunter. Doch statt mit Broten war der Korb mit Rosen gefüllt.

In der Fastenzeit, aber auch an Martin wird in vielen Gegenden eine Brezel gebacken. Die Brezel erinnert in ihrer Form an die mönchische Gebetshaltung der vor der Brust verschränkten Arme. Die Brezel lädt uns also beim Essen dazu ein, uns selbst mit unseren Gegensätzen zu umarmen, uns ganz und gar anzunehmen, weil wir von Gott bedingungslos geliebt sind.

Im Gottesdienst am Ostersonntag wird an vielen Orten das Osterbrot geweiht. Es wird aus einem süßen Hefeteig mit Rosinen gebacken, in den ein Kreuz geschnitten wurde. Es soll dann zu Hause gegessen werden, damit das Geheimnis von Ostern auch im häuslichen Mahl gefeiert wird. Im Mahl spüren wir das Leben, das sich in der Auferstehung Jesu als stärker erwiesen hat als der Tod. Und wir haben teil an der Liebe Jesu, mit der er sich am Kreuz für uns hingegeben hat »bis zur Vollendung« (Joh 13,2). Gerade an Ostern bedeutet das geweihte Brot, dass wir im Essen teilhaben am »Brot des ewigen Lebens«. Bei jedem Brotverzehr erahnen wir, dass Gott selbst uns nährt mit der Speise der Unsterblichkeit.

All diese Bräuche zeigen, dass das Brot in den verschiedenen Formen, in denen es gebacken wird, ein Symbol ist für die tiefste Sehnsucht des Menschen, dass wir in jedem Brot Gottes Gabe genießen dürfen, dass wir durch das Essen eins werden dürfen mit dem Schöpfer. Vor allem die Gebildbrote machen deutlich, dass der Mensch das Geheimnis der Erlösung durch Jesus Christus nicht nur theoretisch bedenken, sondern leibhaft erfahren möchte – und das auch kann. Die Gebildbrote bringen archetypische Bilder zum Ausdruck, die uns in unsere eigene Mitte führen möchten und uns in Berührung bringen mit den heilenden Kräften auf dem Grund unserer Seele.

Die Brotbräuche zeigen noch etwas anderes: Gott hat einen Geschmack. Und er hat einen guten Geschmack! Auch das ist eine Ursehnsucht des Menschen: Gott schmecken zu dürfen, Gott genießen zu dürfen. Im achtsamen Essen und Kauen des Brotes in seinen verschiedenen Formen genießen wir den Gott, der sich uns in unterschiedlichen Bildern je anders zeigt, aber immer als der, der einen guten Geschmack hat und der unserem Leben einen neuen Geschmack verleiht. Dann geschieht das, was der Psalmist sagt: Das Brot stärkt das Menschenherz. Es stärkt ihn nicht nur mit Kraft, es erfüllt unser Herz vielmehr mit Liebe und Süßigkeit, mit dem Glück, in der Ekstase des Genießens über uns hinauszuwachsen, das Geheimnis des unbegreiflichen Gottes zu erfahren und zu schmecken.

Das ist eine Ursehnsucht des Menschen:
Gott schmecken, Gott genießen zu dürfen.

Alltäglich Wertvolles

*Genuss ist der Beginn und das Ende
eines gesegneten Lebens.*
EPIKUR

Woran denken Sie, wenn Sie an den Lebensstil unserer Heimat denken? Vielen kommt dabei das Essen und Trinken in den Sinn. Köche, Metzger und Bäcker sorgen für regionaltypische, hochwertige Lebensmittel in allen Gegenden unseres Landes.

Wie lässt sich aber die Wertschätzung der Lebensmittel mit der Tatsache vereinen, dass nach einer Studie der Universität Stuttgart aus dem Jahr 2012 jedes Jahr etwa 11 Millionen Tonnen Lebensmittel von Industrie, Handel, Großverbrauchern und Privathaushalten weggeworfen werden?

»Der Großteil der Lebensmittelabfälle entsteht nach übereinstimmenden Untersuchungen in Privathaushalten. Bundesweit werden pro Jahr 6,7 Millionen Tonnen Lebensmittel über Restmüll, Biotonne, Ausguss und Kompost entsorgt oder auch an Haustiere verfüttert. Damit entfallen auf die 40,3 Millionen Haushalte in Deutschland mit ihren rund 81,8 Millionen Haushaltsmitgliedern (Statistisches Bundesamt 2010) rund 61 Prozent der gesamten Lebensmittelabfälle«, so schreibt das Bundesministerium für Ernährung und Landwirtschaft in der Studie »Ermittlung der Mengen weggeworfener Lebensmittel und Hauptursachen für die Entstehung von Lebensmittelabfällen in Deutschland«. Laut dieser Studie wirft im Durchschnitt jeder Bundesbürger pro Jahr 81,6 Kilo Lebensmittel weg.

Sicher ist es sinnvoll, dabei einmal auf Angebot und Nachfrage zu schauen, das liefert einen Anstoß. Als Bäcker muss ich mich fragen, ob es sinnvoll ist, eine Stunde vor Ladenschluss noch dreiviertel des Sortiments an Frischeprodukten anzubieten, von denen ich weiß, dass sie am nächsten Tag nicht mehr eingekauft werden. Bin ich als Kundin oder Kunde enttäuscht von meinem Bäcker, weil ich mein Lieblingsbrot eine Stunde vor Ladenschluss nicht mehr bekomme? Ist es als Produzent zu verantworten 10 bis 20 Prozent an sogenannten Retouren, also Rückläufen, der Tagesproduktion mit einzukalkulieren?

Wenn man einmal nach Frankreich schaut, wird hier ein Ansatz deutlich, der bedenkenswert ist und die Wertschätzung der Lebensmittel deutlicher in den Fokus rückt. Dort müssen laut Gesetz die Händler nicht verkaufte Nahrungsmittel an Tafeln spenden, als Tierfutter verwenden oder kompostieren.

Die Industrialisierung und Überproduktion der Land- und Lebensmittelwirtschaft hat unabsehbare Folgen für unsere Natur und dadurch auch für uns Menschen. Die massenhafte Herstellung von Lebensmitteln führt weiterhin dazu, dass der Wert der Lebensmittel sehr oft ausschließlich über den Preis bestimmt wird. Eine Produktion, die auf niedrige Preise ausgerichtet ist, rechnet zwangsläufig kleinstmögliche Kosten für die Herstellung mit ein. Nahrungsmittel sind momentan auf dem Weltmarkt so billig wie seit sieben Jahren nicht mehr: Gegenüber Januar 2015 sanken die Preise für Fleisch, Milchprodukte, Getreide, Speiseöle und Zucker im Durchschnitt um 16 Prozent, wie die Welternährungsorganisation FAO in ihrem Preisindex veröffentlichte.

Man verzichtet so weit wie möglich auf die menschliche Arbeitskraft bei der Herstellung der Lebensmittel. Ähnlich ist es bei den Rohstoffen, die möglichst kostengünstig sein müssen. Das betrifft auch den Landwirt und den Müller, die vor den Bäckern in der Produktionskette stehen. Dass es auch anders geht, beweisen die Müller, die sich als Qualitätsmerkmal ihrer Ware auf die Fahnen geschrieben haben, Getreide aus der unmittelbaren Umgebung zu verwenden, um lange Transportwege zu vermeiden und die lokale Wirtschaft zu stärken. Qualitätshandwerk und Qualitätslebensmittel leben von Menschen, die sich dafür einsetzen. Jeder Konsument kann durch eine bewusste Kaufentscheidung dazu beitragen, die hochwertige Lebensmittelvielfalt zu erhalten.

Häufig scheint aber der Zeit- bzw. Konsumgeist dagegen zu sprechen: Alles, jederzeit und überall, so lässt sich eine Tendenz in der heutigen Einkaufswelt beschreiben. Und: billig muss es sein. Leider sind auch viele Backwarenkonsumenten in Deutschland so ausgerichtet.

Fragt man einzelne Verbraucher gezielt, kaufen die meisten natürlich nur hochwertiges Brot, meistens beim Handwerksbäcker. Dass dem nicht so ist, zeigen die Zahlen: Fast zwei Drittel des deutschen Brotumsatz wird in Discountern und in Supermärkten erzielt. Sicherlich gibt es gute und schlechte backende Industriebetriebe, genauso wie es gute und schlechte Handwerksbäckereien gibt.

Noch eine Zahl, die nachdenklich macht: Im Jahr 2008 gab es in Deutschland 15.337 Bäckereien, 2014 nur noch 12.611 (Zentralverband des Deutschen Bäckerhandwerk e. V., www.baeckerhandwerk.de). Das heißt, grob gerechnet: pro Tag schließt etwa eine Bäckerei in Deutschland. In der Wirtschaftswelt nennt man das Marktbereinigung. Die Gründe dafür sind vielfältig: zu große Konkurrenz, Nachfolgeprobleme, veränderte Standortbedingungen, kein kundenorientiertes Sortiment oder fehlende Qualität.

Viele Institutionen sind um eine Verbesserung bemüht. So auch der Zentralverband des deutschen Bäckerhandwerks. Mit der Aktion »Deutsche Brotkultur« wurde die Brotvielfalt als immaterielles Kulturerbe in die UNESCO-Liste aufgenommen. Derzeit sind offiziell 3.199 Brotspezialitäten (Stand: 01.05.21017) anerkannt. (Weitere Informationen unter www.brotkultur.de.)

Immer wieder stellt sich uns die Frage: Wie können wir als kleiner Handwerksbetrieb unseren Erfolg steigern und damit das Überleben sichern?

Begeisterung und Leidenschaft sind eine Grundlage dafür, eine der wenigen Vorteile gegenüber größeren Betrieben. Diesen Geist der Freude, Brot für andere herzustellen und an die Frau oder den Mann zu bringen, gilt es zu entwickeln und zu pflegen.

Qualität und Frische sind unverzichtbare Merkmale einer Handwerksbäckerei. Es sagte einmal ein Kollege: Über Qualität spricht man nicht, die hat man. Wenn das so einfach wäre! Ständige Aufmerksamkeit ist dafür in allen Bereichen gefordert.

Tradition und Innovation oder auch Fordern und Fördern sind Gegensätze, die sich ergänzen. Ein großes Anliegen der Klosterbäckerei ist, Traditionen zu pflegen. Dazu gehört die Herstellung von Brauchtumsgebäck, wie zum Beispiel die Altargaben am Osterfest, genauso wie das Festhalten an den Ladenschließzeiten an klösterlichen Feiertagen. Innovation heißt wörtlich Neuerung oder Erneuerung. Die Voraussetzungen für den Blick nach vorne ermöglicht der Klosterbäckerei die Klosterleitung. Für diese Positionierung der Klosterbäckerei ist die betriebswirtschaftliche Planung unerlässlich, damit Preis und Leistung im Gleichgewicht sind.

»Durch Arbeit verändert und gestaltet der Mensch die Natur, die Gesellschaft, sich selbst sowie das eigene und kollektive Bewusstsein«, meinen Pater Anselm Grün und Friedrich Assländer in ihrem Buch »Spirituell arbeiten«. Das Bäckerhandwerk ist ein Stück unserer heimatlichen Kultur, dessen Wahrung uns wichtig ist. Die positiven Rückmeldungen in Gesprächen mit Kunden und Mönchen motivieren mich, den eingeschlagenen Weg weiter zu gehen.

Noch finden sich in jeder Gegend unseres Landes backende Spezialisten, die gerade die Brotkultur immer noch oder wieder in handwerklicher Kunst leben. Die, wie man sagt, »mit Leib und Seele« Bäcker sind. Die keine fertig eingekauften Teiglinge abbacken und sich notfalls auch mit einem kleineren, aber feinen Sortiment zufriedengeben. Die ständig versuchen, die Qualität ihrer Backwaren zu optimieren und zudem ihre Mitarbeiterinnen und Mitarbeiter wertschätzen. Das Bäckerhandwerk und die Backwaren – beide sind ein Stück Lebensart, diese gilt es zu bewahren – und vielleicht auch erst einmal zu entdecken.

Leo Stöckinger

Brot essen ist keine Kunst,
aber Brot backen.
Deutsches Sprichwort

Literatur

Johannes Betz, Eucharistie als zentrales Mysterium,
in: MySal IV,2, 185–313, Einsiedeln 1983.

Leonardo Boff, Vater unser, Das Gebet umfassender Befreiung,
Düsseldorf 1984.

Brot und Salz, Graz 1968.

Guido Fuchs, Mahlkultur, Tischgebet und Tischritual,
Regensburg 1998.

Walter Grundmann, Das Evangelium nach Matthäus,
Berlin 1968.

Walter Grundmann, Das Evangelium nach Markus, Leipzig 1989.

Heinrich Eduard Jacob, Sechstausend Jahre Brot, Hamburg 1954.

Meinrad Limbeck, Matthäus-Evangelium, Stuttgart 1986.

Franz Nießen, Der Dinge bestes: Brot. Geheimnis Brot in der
Geschichte der Menschen, Kevelaer 1983.

Franz Nießen, Botschaft des Brotes. Von Brauchtum und Heilig-
keit des Brotes, Kevelaer 1985.

Vater Unser. Stimmen und Variationen zum Gebet des Herrn,
herausgegeben von Wolfgang Bader, München 1999. (Im Text
angegeben mit: Bader)

Hermann-Josef Venetz, Das Vaterunser. Gebet einer bedrängten
Schöpfung, Fribourg 1989.

Adressen und Personen

Die Fotografin:

Andrea Langenbacher hat Theologie sowie Ökonomie und Management studiert. Sie lebt und arbeitet in Tübingen. Fotografieren bedeutet für sie: Die Poesie eines Augenblicks einzufangen und die Schönheit alltäglicher Dinge ans Licht zu holen. Zu Brot hat sie seit jeher eine besondere Beziehung: Schon als Kind war sie in der mütterlichen Küche davon fasziniert, dass der Hefeteig wie durch Zauberei immer größer wurde. Später als Studentin in Freiburg hat sie mit großer Freude an einem Marktstand Holzofenbrot verkauft und ihre Jugendliebe war ein backender Müller (die Mühlen-Fotos für dieses Buch sind in dessen Mühle entstanden).

www.wortweise-bilderreich.de

Die Bilder auf S. 15, 25, 26, 30, 33, 34 wurden in der *Blattert-Mühle* in Bonndorf aufgenommen. Es lohnt sich, zumindest die Homepage zu besuchen oder gleich im Mühlenladen vorbeizuschauen: www.blattert-muehle.de/. An dieser Stelle herzlichen Dank an den Müller Daniel Blattert, der uns dafür seine Räume geöffnet hat.

Die Bilder auf S. 6, 8, 10, 12, 16, 18, 20, 41, 99, 102, 112, 118, 119, 121, 132 wurden in der *Klosterbäckerei in Münsterschwarzach* aufgenommen. Auch hier lohnt sich immer ein Besuch, ob persönlich oder im Netz: www.klosterladen-muensterschwarzach.de/baeckerei-und-metzgerei.

Zudem gibt es in Deutschland mehrere *Brotmuseen*:

Das Museum der Brotkultur in Ulm: www.museum-brotkultur.de

Das Europäische Brotmuseum e. V. in Ebergötzen: www.brotmuseum.de

Das Westfälische Brotmuseum in Nieheim: www.westfalen-culinarium.de/die-museen

1. Auflage 2017

© Vier-Türme GmbH, Verlag, Münsterschwarzach 2017
Alle Rechte vorbehalten

Lektorat: Marlene Fritsch
Gesamtgestaltung: wunderlichundweigand
Umschlagmotiv: © MachineHeadz/iStock.com
Fotos im Innenteil: © Andrea Langenbacher
                    © Stefan Weigand (74, 82, 96, 110)
Druck und Bindung: Finidr s.r.o., Český Těšín
ISBN 978-3-7365-0071-6

www.vier-tuerme-verlag.de